Herausgegeben von der KZ Gedenkstätte Hailfingen/Tailfingen e.V.

Bibliografische Information der Deutschen Nationalbibliothek:

Die Deutsche Nationalbibliothek verzeichnet diese Publikation in der Deutschen Nationalbibliografie,

detaillierte bibliografische Daten sind im Internet über *http://dnb.dnb.de* abrufbar.

Form + Typografie: Volker Mall

Korrektorat: Adelheid Mehnert-Mall

Verlag: BoD · Books on Demand GmbH, Überseering 33,

22297 Hamburg, bod@bod.de

Druck: Libri Plureos GmbH, Friedensallee 273, 22763 Hamburg

ISBN: 978-3-8192-0812-6

MIX
Papier aus verantwortungsvollen Quellen
Paper from responsible sources
FSC® C105338
FSC
www.fsc.org

Volker Mall

Begegnungen und Besuche 2005 bis 2025

in der KZ Gedenkstätte Hailfingen/Tailfingen

Für Adelheid und Nike

Schriftenreihe der KZ Gedenkstätte Hailfingen/Tailfingen Nr. 11

Inhalt

Vorwort

Im Juli 2005 begannen die Recherchen zum KZ Außenlager Hailfingen/Tailfingen.[1]

Anfangs waren uns nur die etwa 20 Namen der Häftlinge bekannt, die bei den sog. Rastätter Prozessen bei den Vorermittlungen der deutschen Justiz oder bei Wiedergutmachungsanträgen Zeugenaussagen gemacht hatten. Dass Wolf Gimpel und Mordechai Ciechanower bereits in den 1980er Jahren von Utz Jeggle gefunden und nach Rottenburg eingeladen worden waren, erfuhren wir erst später.

Im Staatsarchiv Ludwigsburg fanden wir in den Akten des Hechinger Prozesses das sog. Natzweiler Nummernbuch 6[2]. Die dort enthaltene Namensliste der 600 jüdischen Häftlinge stellte die Basis für alle weiteren personenbezogenen Recherchen dar. Weitere wichtige Quellen waren die Totenmeldungen und das Einäscherungsverzeichnis der 99 im Krematorium in Reutlingen eingeäscherten Opfer[3] und 269 Häftlingspersonalkarten aus dem Archiv des KZ Stutthof. Alle diese 269 Häftlinge kamen mit dem Transport im Oktober 1944 von Auschwitz nach Stutthof. So konnten mithilfe des Auschwitzkalendariums[4] Datum und Herkunft des Transports von über 350 Häftlingen festgestellt werden.

Zuerst konzentrierten wir unsere Suche auf Häftlinge, von denen wir annahmen, dass sie noch leben. Danach suchten wir nach Angehörigen.

Für Überlebende und Angehörige war es wichtig, an den Ort zu kommen, wo die Häftlinge Zwangsarbeiten leisten mussten.[5] Wichtiger war es, zu wissen, wie und wo sie gestorben waren, die Grabstellen[6] zu sehen und dort einen Ort zum Trauern zu haben.

So kam es in den letzten 20 Jahren zu zahlreichen Besuchen und Begegnungen, über die hier berichtet wird – natürlich „unvollständig" und teilweise subjektiv.

Viele haben bei den Recherchen geholfen, viele an den Begegnungen teilgenommen oder sie erst ermöglicht. Danke!

Ein besonderer Dank gilt meiner Frau Adelheid Mehnert-Mall, ohne die nicht nur meine jahrelange Recherchearbeit, sondern auch diese Begegnungen nicht möglich gewesen wären.

Herrenberg-Haslach im Mai 2025

---

1 Bis zur Gründung des Vereins KZ Gedenkstätte Hailfingen/Tailfingen 2010 war das ein Projekt von Gegen Vergessen/Für Demokratie Böblingen/Herrenberg/Tübingen. Hauptakteure waren Birgit Kipfer, Harald Roth und Volker Mall, die „Troika" (M. Ciechanower), von Anfang an dabei auch Johannes Kuhn.

2 Original im Französischen Nationalarchiv Paris 72 AJ 2171. Kopien des Nummernbuches gibt es u.a. beim StAL EL 317 II, Bü.131, und beim ITS/Arch/KL Natzweiler, Ordner 12.

3 Originale: Bureau des archives des victimes des conflits contemporains (DAVCC Caen) cote 26 P 1236 (liste de déportés incinérés à Reutlingen) und cote 26 P 1237 (liste de déportés décédés à Hailfingen et actes de déc`s du 22 novembre 1944 au 2 janvier 1945). Kopien im Stadtarchiv Reutlingen.

4 Danuta Czech: Kalendarium der Ereignisse im Konzentrationslager Auschwitz-Birkenau 1939-1945, ´2 2008, Reinbek

5 „Für uns Hinterbliebene ist es wichtig, dass die Toten ihren Namen wiederbekommen und wir einen Ort haben, an dem wir Abschied nehmen können." (Berry Soesan)

6 Gruppengrab Friedhof Tailfingen, Ebershaldenfriedhof Esslingen, Friedhof *Unter den Linden* Reutlingen

Zeittafel

2005
Mordechai Ciechanower

2007
Mordechai Ciechanower
2.2. Volker Mall telefoniert mit Marga Griesbach.

2008
Israel Arbeiter, Patrick Uitz und Robert Wald
26.8. Marga Griesbach

2009
Adelheid und Volker Mall treffen di Veroli in Rom.

2010
Einweihung der Gedenkstätte
Arbeiter Israel und sein Freund Jon d`Allesandro, Jean-Claude Benadon (Sohn von Maurice Benadon), Sam Baron, seine Frau Tova Baron und sein Sohn Eric Baron, Alain Breuer (Sohn von Eric Breuer) und seine Mutter Mathilde Breuer, Mordechai Ciechanower, Leo A. de Wolf (Neffe von Benjamin de Wolff) und seine Frau Anna de Wolf-van-Hofte, Marga Griesbach (Tochter von Max Steinhardt), Ruth Gröne (Bekannte von Michael Umansky), Simon Gutman und seine Tochter Irene Dickstein, Joop Koekkoek (Sohn von Barend Koekkoek) und seine Frau Nora, Berry Soesan (Sohn von Samuel Soesan), Hans van Straten (Neffe von Levie van Straten) mit Frau, Robert Wald (Sohn von Alfred Wald) und sein Halbbruder Patrick Uitz mit Tochter Katja Riedel

2011
Hans van Straten mit Schwester und Mutter, Sam Baron mit Tova, Eric und Enkelin Elise.
Volker und Adelheid Mall besuchen Robert Wald in Montpellier und Patrick Uitz in Wiesbaden.
Harald und Christa Roth besuchen Mordechai Ciechanower, Abram Rozenes, Adam Billauer, Shlomo Reizik in Ramat Gan, Israel. Sadie Weis und Kornelius Glaser besuchen Peter Zuckerman in Takoma Park.

2012
April: Israel Arbeiter (mit Journalisten des Boston Globe und Filmemacher der WW II Foundation)
Juli: Marga Griesbach mit Tochter, Schwiegersohn und Enkelin
Johannes Kuhn, Jena Lutz, Ivan Strez und Nicola Kuhn besuchen Mordechai Ciechanower und Shlomo Reizik in Ramat Gan.

2013
April: Mordechai Ciechanower
Juli: Berry Soesan und sein Freund Albert Andringa
Oktober: Rebecca Wolf, Marjolijn de Loos und Hans Vogelaar von Stichting Vriendenkring van Oud-Natzweiler (niederländischer Verein der Freunde Natzweiler)
Oktober: Israel Arbeiter

2014
Januar: Mordechai Ciechanower (zur Uraufführung und weiteren Aufführungen des Filmes *Der Dachdecker von Birkenau*)
April: Norman Rosenberg

September: Berry Soesan mit Freund Albert Andringa, Robert Wald und Patrick Uitz
November: Jay und Lee Szkolnik (Enkel von Abraham Szkolnik), Job Franschman, Rody-Vossebelt-Franschman und Anita Hoedeman-Franschman (Enkel und Enkelinnen von Abraham Franschman).
Johannes Kuhn und Harald Roth besuchen Mordechai Ciechanower, Abram Rozenes und Shlomo Reizik in Ramat Gan bzw. Nathania, Israel.

2015
Gedenkstättenjubiläum (5 Jahre)
Mordechai Ciechanower mit Amir Haskel und Frau, Hans van Straten mit Töchtern, Regina Philip, Michael und Ron Schwarzbaum, Steven Pelcman, Fredy Kahn, Maya und Volkhard Mosler, Steven Pelcman, Leo A. de Wolf, Norman Rosenberg, Maurice Spicer, Claudia Gollan, Nancy Lefenfeld

2016
März: Amedeo Piazza, Neffe von Amedeo di Cori
April: Dorit Ariav, Tochter von Natan Rudominer
Oktober: Marga Griesbach
November: Israel Arbeiter
Dezember: Mordechai Ciechanower

2017
Jean-Claude und Marc Benadon, Simon Gutman und Sohn Jean-Sylvain, Steven Tenenbaum und Frau Michelle, David und Ed Miliband, Marion Kozak-Miliband, Hadassah Kosak

2018
Juli: Nikolaos Skaltsas und Sohn Giorgios, Theodoroa Adamakopoulos, Iasonas Chandrinos
September: Familie Spicer (Einweihung Grabstein)

2019

2020
Mai: Vered Sluizer mit Familie
August: Christa Linkenheil (Recherche Raphaël Caraco)

2021

2022
4.3. Marc Genzel und Murielle Klein-Zolty
7./8.5. Familie Sluizer/Minden, Abraham Malach mit Tochter
19.7. Giorgios Skaltsas
11.9. Fredy Kahn und Franziska Becker
Adelheid und Volker Mall treffen Marga Griesbach in Hessen.

2023
18.4. Mordechai Ciechanowers Tochter Rachel Kaiser (*Pflanzung eines Apfelbaums*)
28.5. Ed Miliband mit Frau und Kindern

2024
April: Kathy Kahn
16.6. Rena Spiegelstein mit Sohn Oriel und Fredi Kahn
Oktober: Erc Baron (*Pflanzung eines Apfelbaums*)
Benjamin Merkt besucht Mordechai Ciechanower mehrfach in Ramat Gan.

Überlebende

Israel Arbeiter[7]

Wir hatten 2007 das USC-Video mit Israel Arbeiter gefunden, das 1996 in Newton/Massachusetts (USA) aufgenommen wurde. Aus ihm ging hervor, dass er in Boston wohnte. Auf Anfrage antwortete das Deutsche Konsulat:

Israel Arbeiter
an der Lore in Reusten

„Dear Mr. Roth,
Mr. Arbeiter has asked me to respond to your letter of December 3, 2007. He would be very pleased to be contact with you and your organization. He has a fantastic memory and could give you many details about his stay at Halifingen. … He is the President of the Holocaust Survivors of the Greater Boston Area and has spoken to many Universities and Schools in the Boston Area about his experiences during the Holocaust. …
His e-mail address is: * *_*i**arbeiter@yahoo.com*
Mit freundlichen Grüssen
Monika Dane, Deutsches Generalkonsulat Boston"

Harald Roth schrieb ihm am 3.12.2006.
Im Sommer 2008 kam er auf Einladung von GV/FD mit einem seiner Enkel ins Gäu. Am Reustener Steinbruch erzählte er:
„Eindrücklich beschreibt er die körperlich harte Arbeit: Wie er mit dem Presslufthammer tiefe Löcher in die Felsen bohrte, in die der Sprengmeister Dynamit stopfte. In Loren mussten die Gefangenen die schweren Brocken zu einer Steinmühle schieben, die das Gestein zu Schotter und Sand zermalmte. Unwillkürlich muss der 83-Jährige während des Gesprächs lachen, aber niemand der Umstehenden lässt sich davon anstecken. ... Es ist ein abgründiges, ein unheimliches, ein dennoch befreiendes Lachen, als ihm die Episode einfällt, wie ihn einmal die voll beladene Lore an das Ufer des Wassers drängte und er sich mit seinem schwachen Körper vergeblich dagegenstemmte. ´ Ich sah mich vor der Wahl, entweder mit der Lore ins eiskalte Wasser gedrückt zu werden und zu ertrinken oder aus Strafe erschossen zu werden.´ Lange Zeit für die Überlegung blieb nicht, dann kippten die Steine ins Wasser. Eine angsterfüllte Weile verging, und es passierte nichts, die befürchtete Strafe blieb aus. ´ Jetzt kann ich darüber lachen, wenn ich mir diese Situation vorstelle. Damals war das natürlich nicht lustig.´ Der feine Faden, an dem das Schicksal hing, hatte nochmals standgehalten. ´ Wir kämpften jeden Tag ums Überleben, von morgens bis abends.´ " [8]
2010 hielt er bei der Eröffnung der Gedenkstätte eine vielbeachtete Rede. Und er war bei der Einweihung der Gedenktafel mit Lore am Reustener Steinbruch dabei. Auf der Tafel steht:
Täglich mussten 15 bis 20 KZ-Häftlinge des Lagers Hailfingen/Tailfingen hier Steine brechen und mit Kipploren zu dem Schotterwerk bringen, das etwa 50 m von hier in unmittelbarer Nähe des Sees stand. Israel Arbeiter war eines Tages mit einer solchen voll beladenen Lore auf dem Weg dorthin, als eine falsch gestellte Weiche die Lore Richtung See lenkte. Da er zu schwach war sie aufzuhalten, stürzte die Lore in den See, wo sie noch heute liegt. Israel Arbeiter erwartete dafür wegen Sabotage erschossen zu werden, doch er überlebte und erzählte diese Geschichte während seines Besuchs nach 63 Jahren an diesem für ihn schicksalhaften Ort.

Der amerikanische Regisseur Tim Gray (World War II Foundation) hat im Frühjahr 2012 einen Film mit Israel Arbeiter gedreht: *A Promise to My Father*. Ein Teil der Filmaufnahmen fand im Gäu statt, und der Gedenkstättenverein war als „Berater" beteiligt. Uraufgeführt wurde der Film am 27.1.2013 in

---

7 © Pressefoto ULMER/Markus Ulmer
8 Hans-Joachim Lang, Schwäbisches Tagblatt 10.7.2008

Boston. Zur „Deutschland-Premiere" im *Kino im Waldhorn* Rottenburg kam Israel Arbeiter im Oktober 2013 erneut ins Gäu, wieder mit Jon d´Allessandro.

„Israel Arbeiter hat nichts vergessen. Nicht die Demütigungen und Schmerzen, aber auch nicht die Wohltaten weniger. Er erwähnt den Lastwagenfahrer Wilhelm Sautter, der den Schotter wegbrachte und nach einiger Zeit auf seiner abendlich letzten Fuhre auch die Steinbruch-Malocher mitbeförderte. ´Der war ein guter Mann!´ Oder die Bauersleute Roth, die unweit des Steinbruchs im ersten Haus am Ortseingang wohnten. Am Dienstag, beim Rückweg, schaut er sich dieses Anwesen wieder an, zeigt die Stelle, wo er oder seine Kameraden immer mal wieder ein Stück Brot oder eine Kartoffel fanden, die absichtlich dort platziert waren. ´Wunderbare Leute´, sagt er. …
Am Donnerstag 11.7.2008 um 20 Uhr fand im evangelischen Gemeindehaus Reusten eine öffentliche Veranstaltung mit Israel Arbeiter statt."[9]

Ein Erlebnis bleibt in meinem Gedächtnis: 2008 war fuhr ich ihn nach Reusten. Er wollte zum Metzger Egeler und kaufte dann 200 g (unkoschere!) Gerauchte Schinkenwurst, geschnitten. Im Auto sitzend und fahrend aßen wir das schmunzelnd mit großem Appetit.

Am 29. Oktober 2021 ist Israel Arbeiter in einem Pflegeheim bei Boston gestorben.

Sam Baron[10]

Im Mai 2008 wohnte Sam Baron in Lyndhurst/Ohio, wo ihn Nancy Lefenfeld für uns ausfindig machte. Im Mai 2008 schrieben wir ihm einen Brief – seine Adresse in Lyndhurst/Ohio hatten wir im US-Telefonbuch gefunden. Es kam keine Antwort. Nancy Lefenfeld erklärte ihm, wer wir sind und dass sein Vater in Tailfingen begraben liegt, stellte schließlich den Kontakt für uns her und schrieb:

„Sam sounds like a very, very nice man. He was happy to talk with me, and he is very interested in communicating with you about the Hailfingen subcamp. He and his father were both in the camp. Sam was only 14 years old at the time. His father died in the camp and his body was, apparently, thrown into a mass grave near the airport.
He would like to ask you the following two questions:

1. What happened to the people who bodies were thrown into the mass grave? Have they been buried somewhere? Where? What authority or agency took care of doing this?
2. What happened to the Jewish kapo[11] who was in charge of the camp, i.e. working beneath the German overseer? He was, apparently, supposed to have been sent to jail."

Der Sohn Eric schrieb im Juni 2008 im Auftrag seines Vaters, nachdem unser Gedenkbuch[12] angekommen war:

„Our heart felt thanks for sending us the book and dvd. It is an incredible, unexpected ride through a horrible past but the good work you and your associates have done have made one old man happy, in a bittersweet way."

---

9 Ebda.
10 © Foto Roth
11 Leo Kac
12 Mall/Roth: „Jeder Mensch hat einen Namen", Berlin 2009

Im Juli 2008: "I would like to thank you for the tremendous effort you have made to uncover the buried and almost forgotten history of this period of time which has answered the question burning for over 60 yrs. as to the whereabouts of my grandfather's remains, a question which has consumed my father who has yearned for closure to this sad affair. You have no idea how important this discovery is to our family. We have no pictures or family records of any kind. ... I have no idea what my grandparents and uncles and aunt even looked like. But now, thanks to you, we have not only a location of his remains, but a picture to prove that indeed there is a resting place for our family to visit and say a prayer for the dead. … We thank you from the bottom of our hearts!"

Sam Baron war sehr krank, aber er wollte unbedingt zur Einweihung der Gedenkstätte kommen, und der Gedanke daran hielt ihn aufrecht. Mit seiner Frau Tova, die 1945 ebenfalls in Bergen-Belsen befreit worden war, und seinem Sohn Eric erlebte er die Einweihungsfeierlichkeiten und die Begegnung mit drei seiner Mithäftlinge nach 65 Jahren. Sam Baron selbst war tief bewegt von seinem Besuch im Gäu. Im Gästebuch des Dokumentationszentrums hinterließ er einen Eintrag, in dem er Mall und Roth nicht nur für deren Engagement dankte, sondern auch von einem Lebenstraum sprach, der in Erfüllung ging. "Jetzt ist es endlich wahr geworden. Ich hatte die Chance, das Grab meines Vaters zu sehen, zu beten und … die Worte zu sprechen, die er verdiente." Bei diesem Besuch war Baron auch bei einer Trauerfeier der evangelischen Kirchengemeinde auf dem Tailfinger Friedhof dabei – jenem Ort, an dem sein Vater die letzte Ruhe gefunden hatte. Ein Jahr später, im Mai 2011, stimmte der Gäufeldener Gemeinderat zu, einen weiteren Gedenkstein auf Initiative Barons an dem Gruppengrab aufzustellen. Zu dessen Aufstellung kam Sam Baron im Juli 2011 ein letztes Mal nach Tailfingen. Eric Baron erzählte bei diesem Besuch, dass die Familie, nachdem sie Ende 2005 von der Exhumierung des Massengrabes in Echterdingen erfahren hatte, der US-Army einen Suchauftrag gegeben hatte, der aber ohne Resultat blieb. Erst der Anruf von Nan Lefenfeld habe dann Gewissheit gebracht.

Sam Baron starb am 27. Mai 2015. Sein Sohn Eric sagte bei seinem Besuch 2024:
„Kurz bevor mein Vater starb, da fragte er nicht etwa nach seinen Freunden, nein, er fragte, ob ich etwas von Volker Mall und Harald Roth gehört habe." Beide hätten ihm das „größte Geschenk für einen alten Mann" bereitet, indem sie ihn „mit dem Geist und den Überresten des Vaters wieder zusammengebracht hätten".

Adam Billauer[13]

Adam Billauer wurde am 30.4.1945 durch die Amerikaner in Staltach befreit und ging 1946 illegal nach Israel. Zusammen mit seinem Vater und seiner zweiten Frau lebte er in Tel Aviv. Marga Griesbach sah in „Spuren von Auschwitz ins Gäu"[14] seinen Namen und erinnerte sich an ihn und seinen Bruder Richard. Am 1.5.2007 schrieb Harald Roth an Adam Billauer nach Tel-Aviv.

Am 13.1.2008 machte Gideon Greif in Tel Aviv für GV/FD ein Videointerview mit ihm. Im Juni 2008 schrieb er uns, nachdem wir ihm unser Gedenkbuch „Jeder Mensch hat einen Namen" geschickt hatten: „I want admire my full respect to your big work for memory of holocaust."

Auch er konnte wegen Krankheit – er war fast blind – nicht zur Einweihungsfeier kommen.

Harald und Christa Roth trafen sich mit ihm (und mit Abram Rozenes, Shlomo Reizik und Mordechai Ciechanower) im März 2011 in Ramat Gan. Harald Roth hat ihn interviewt.

Adam Billauer ist am 21. März 2015 90-jährig in Santa Monica gestorben.

---

13 Foto © Gideon Greif
14 Wein/Mall/Roth: Spuren von Auschwitz ins Gäu, Filderstadt 2007

Henry Bily[15]

Das USC-Interview mit ihm entstand am 10.6.1997 in Nizza. Nachdem wir wussten, dass er von Paris nach Nizza gezogen war und zur Zeit des USC-Interviews dort gewohnt hatte, war Henry Bilys Adresse leicht zu finden. Von Robert Wald erhielten wir seine Autobiographie: Henry Bily, Destin à part, Paris 1995.

Eingeladen zur Eröffnungsfeier im Juni 2010 teilte uns seine Frau Claudine im September 2009 mit, sie könnten wohl nicht kommen, da Henry im Rollstuhl sitze: „Malhereusement, il est peu probable que nous puissons y aller, mon mari ne se déplaçant plus qu´en fauteuil."

Henry Bily ist am 24. Juni 2015 gestorben.

Henry Bily 1941

Mordechai Ciechanower[16]

Besuche 2005, 2007, 2010, 2014

Auf die Anfrage nach Dokumenten schickte uns Yad Vashem als einzige Dokumente zum KZ-Außenlager Hailfingen/Tailfingen im Herbst 2005 ein schriftliches „Testimony" von Szmuel Kalmanowicz

Mordechai Ciechanower und Volker Mall

(auf Jiddisch) und ein Video-Testimony von Mordechai Ciechanower zu. Das mehrstündige Video mit Mordechai Ciechanower war in Ivrit, aber wir konnten ersehen, dass er in Hailfingen/Tailfingen Häftling war. Harald Roth rief im Sommer 2005 bei der dort angegebenen Adresse in Ramat Gan (Israel) an. Mordechai Ciechanower meldete sich und erklärte sich bereit, uns zu besuchen. Er kam dann mit seiner Frau am 4.11.2005. Zwei Tage später nahm er an einer Veranstaltung mit Anita Lasker-Wallfisch, ebenfalls einer Auschwitz-Überlebenden[17], im Herrenberger „Haus der Begegnung" teil. Neben Zeitzeugengespräche in Schulen, einem Empfang im Rottenburger Rathaus, zu dem OB Tappeser eingeladen hatte, einer Pressekonferenz, Interviews mit Zeitungen, mit dem Fernsehen (19.11.2005 SWR 2) war der Höhepunkt des Besuches eine Veranstaltung in der Tailfinger Bürgerhalle am 9.11.2005 mit über 400 Besuchern. Sein Besuch wurde von Johannes Kuhn filmend begleitet und ist wesentlicher Bestandteil seines im April 2006 fertig gestellten Dokumentarfilms „Geschützter Grünbestand".

Der Besuch erzielte eine unerwartete Publizität und bedeutete sehr viel für die weitere Arbeit am Projekt „KZ-Gedenkstätte Hailfingen/Tailfingen". Mordechai Ciechanower schickte uns dann seine Autobiographie. Sie wurde ab Herbst 2006 aus dem Hebräischen übersetzt von Christina Mulloli (Hochschule für Jüdische Studien Heidelberg) und von Adelheid und Volker Mall und Harald Roth bearbeitet.

Beim zweiten Besuch des Ehepaares im Herbst 2006 fand am 26.10.2006 im Herrenberger Haus der Begegnung eine Lesung aus diesem – zu diesem Zeitpunkt noch nicht gedruckten – Buch statt, die der Schauspieler Ernst Konarek (damals noch am Staatstheater Stuttgart) übernommen hatte. Bei den

---

15 © Foto Bily
16 © Foto Roth
17 Anita Lasker-Wallfisch: Ihr sollt die Wahrheit erben, Bonn 1997

Proben zu diesem Abend fielen Mordechai Ciechanower spontan jiddische Lieder ein, die dann diese Lesung ergänzten.

Am 13.4.2007 war der Umbruch des Buches fertig. Es erschien mit einem Vorwort von Gideon Greif als Band 17 in der von Wolfgang Benz, damals Leiter des Zentrums für Antisemitismusforschung in Berlin, herausgegebenen Reihe „Bibliothek der Erinnerung" im Metropol-Verlag.

Im Herbst 2007 kam das Ehepaar Ciechanower dann zum dritten Mal zu uns. Höhepunkt dieser Reise war die Vorstellung seines Buches am 18.10.2007 im Brecht-Haus in Berlin mit ihm und Wolfgang Benz.

Vor der Eröffnung der Gedenkstätte im Sommer 2010, zu der das Ehepaar angereist war, wurde von Hans Kipfer (damals Tonmeister bei BIS, Schweden) eine CD aufgenommen und von Johannes Kuhn produziert: *"...un er singt derbay a lid* – Mordechaj Ciechanower singt jiddische Lieder", Arrangements und Klavierbegleitung Volker Mall.

Bei der Einweihung des Mahnmals sang er die jiddische Partisanenhymne und das Ponar-Wiegenlied. Bei vielen der Treffen und seiner auf Deutsch gehaltenen Vorträge sang er ebenfalls jiddische Lieder. Mordechai Ciechanower hat mit seinem Charme, seiner Liebenswürdigkeit, seinem Humor und seinem Charisma viele Freunde im Gäu gewonnen. Er starb am 3. Februar 2025.

„Von Mensch zu Mensch hilft mehr

Über eine Woche ist Mordechai Ciechanower im Gäu gewesen. Der 81-jährige Israeli, der vor 60 Jahren Häftling im KZ-Außenlager in Tailfingen war, ist zurückgekehrt, um vom damals erlittenen Leid zu erzählen. Heute tritt er die Heimreise an. Im Gäubote-Interview berichtet er von seinen Begegnungen und Erlebnissen.

Was waren diese menschlichen Momente?

Ich habe vier Schulen besucht. An manchen haben über 200 Schüler zugehört. Nach ein paar Minuten habe ich bei meinem Vortrag die Spannung und die Aufmerksamkeit bei ihnen gespürt. Und auch hinterher ihre manchmal sehr emotionalen Reaktionen: Manche kamen auf mich zu, haben mir den Arm gestreichelt, andere schüttelten mir die Hand. Eine 17-Jährige kam weinend zu mir. Andere waren schüchterner, auf die bin ich zugegangen und sie haben sich gefreut. Es war alles sehr emotional und persönlich. In Gärtringen etwa haben die Schüler mir anschließend Briefe geschrieben, in denen sie ihr Bedauern für das Schicksal meiner Familie ausdrücken. Als Kopien werde ich alle an die zentrale Holocaust-Gedächtnisstätte in Yad Vashem weiterleiten. Viele wussten nichts von dem Lager in Tailfingen. Auch die Lehrer waren berührt, obwohl sie besser Bescheid wissen. Nach dem Besuch in der ersten Schule wusste ich schon, dass es nichts Besseres hätte geben können als hierher zu kommen. Ich will Wissen vermitteln. Es zeigt, dass Mimik und Spontaneität von Mensch zu Mensch manchmal mehr helfen als alle Geschichtsbücher.

Tailfingen hat sich mit seiner Geschichte nicht immer leichtgetan.

Die Stühle in der Bürgerhalle haben fast nicht gereicht. Als ich das gesehen habe, dachte ich: Dieses Thema ist eine wichtige Sache für diese Menschen. Der Abend hat gezeigt, dass das Lager für manche ein Problem war. Manche sahen früher schon eine Schuld und wollten sie durch Hilfe mit Essen damals vermindern. Ich konnte nicht bestätigen, dass man uns Essen zugeworfen hat, weil ich es nicht gesehen habe. Auch nicht, was nach der Befreiung durch die Franzosen passiert ist. Ich will nicht in die Psyche der Menschen gehen, aber was da passiert ist, war genauso unmenschlich.

Eine Gedenkstätte könnte allen die Aufarbeitung erleichtern." Gäubote 16.11.2005

Simon Gutman[18]

ist einer der Überlebenden des „Ersten Konvois", die ihr Schicksal in dem französischen Dokumentarfilm „Premier Convoi" (1992) schildern.

---

18 © Foto J. Kuhn

Er war zweimal im Gäu: 2010 mit seiner Tochter Irene Dickstein und 2017 mit seinem Sohn Jean-Sylvain. Robert Wald besuchte ihn 2008 mehrfach, und mit Eric Breuer und seiner Familie war er immer in Kontakt. Johannes Kuhn hat die Begegnung aufgezeichnet.

Seine Erzählungen begann er, wie im Interview Yale HVT 3445, immer mit „Une autre histoire" oder „Une autre anecdote". Er habe den Transport von Toten nach Reutlingen begleitet. Die Friedhofsbeamten hätten sie zurückgeschickt, weil die Papiere falsch waren. Dann wären sie zu einem anderen Krematorium gefahren.

Simon Gutman starb am 5. Oktober 2020.

Leo Kac

Leo Kac lebte mit seiner Frau 2006 in Balingen. Seine Adresse hatten wir von der Nichte von Abram Stuttmann, Frau Gerlinde Huber (Röthenbach), mit der Renate Föll[19] 2006 gesprochen hatte, um Informationen über ihren Onkel zu erhalten.

Renate Föll telefonierte im März 2006 mit Frau Kac in Balingen. Sie sagte, ihr Mann wolle darüber nicht mehr reden. Er sei jetzt 84 Jahre alt. Er sei in Auschwitz gewesen. Seine ganze Familie, drei Brüder, zwei Schwestern und die Eltern seien getötet worden. Später sei er nach Dautmergen gekommen. Mit Abraham Stuttmann sei er befreundet gewesen. Dessen Frau habe nach seinem Tod für irgendein Blättle ein Interview gegeben, da sei vieles „rumgeschmiert" worden, was auch gar nicht gestimmt habe, so etwas wolle ihr Mann nicht.

Im Dezember 2008 schrieben wir an Frau Kac, dass in Tailfingen eine Ausstellung zum KZ Hailfingen/Tailfingen geplant ist, in der auch ihr Mann erwähnt werden soll, fügten den Text an, der in der Ausstellung erscheinen sollte und baten um ein Foto neueren Datums. Darauf bekamen wir am 22.12.2008 einen Brief von einem Rechtsanwalt, der von Frau Kac beauftragt worden war. Er teilte uns mit, „dass unser Mandant nicht damit einverstanden ist, im Rahmen der von Ihnen geplanten Ausstellungen persönlich genannt und dargestellt zu werden. ... Nach dem Krieg wurde er auf Grund ungerechtfertigter Beschuldigungen von einem französischen Militärgericht ... verurteilt. ... Eine spätere gründliche Ermittlung der Staatsanwaltschaft Stuttgart hat – keinesfalls aus formaljuristischem Grund – das Verfahren gegen unseren Mandanten endgültig eingestellt." Um juristischen Streit zu vermeiden, haben wir daraufhin den Namen Leo Kac nicht erwähnt bzw. anonymisiert.

Shlomo Rajczik/Reizik[20]

Zu Shlomo Raiczik nahmen wir leider erst anlässlich der Einladung zur Einweihung der Gedenkstätte in einem Brief am 14.4.2010 Kontakt auf, da uns Mordechai Ciechanower gesagt hatte, er sei sehr krank und wolle eher nicht angesprochen werden. Er antwortete am 2.5.2010, zurecht etwas verschnupft: „Ich danke Ihnen für die Einladung zur Einweihung der Gedenkstätte, wo auch ich zugehöre. Leider ist es nicht möglich die Reise zu machen, da meine Frau nicht so lauffen kann." Harald und Christa Roth trafen sich mit ihm (und mit

---

19 Renate Föll arbeitete damals beim Kulturamt Reutlingen und war Mitglied der 2005 von GV/FD eingesetzten Arbeitsgruppe KZ Gedenkstätte Hailfingen/Tailfingen.
20 © Foto Roth

Abram Rozenes und Mordechai Ciechanower) im März 2011 in Ramat Gan. Shlomo Rajcik starb am 5. Dezember 2023.

Abraham Rozenes[21]

Abram Rozenes wohnte zuletzt in Ramat Gan/Israel.

Zu ihm hatten wir anfangs vergeblich versucht, Kontakt aufzunehmen. Auf die Einladung zur Einweihung allerdings hat er positiv reagiert. Er wäre gerne gekommen, musste aber aus gesundheitlichen Gründen absagen.

Harald und Christa Roth trafen sich mit ihm (und mit Shlomo Rajczik und Mordechai Ciechanower) im März 2011 in Ramat Gan. Abraham Rozenes ist 2017 gestorben.

Zenon (Jehuda) Schwarzbaum,

Im USC-Interview vom 5.11.1998 wird als Wohnort Jehuda Schwarzbaums Wien angegeben.

Nach unserer Anfrage teilte uns Natalia Najder von der Israelitischen Kultusgemeinde Wien im April 2008 mit: „Nach Zustimmung der Familie Schwarzbaum dürfen wir Ihnen seine Adresse geben. ... Sein offizieller Vorname lautet *Zenon*."

Wir nahmen dann Kontakt auf, wussten aber bereits von Mathilde und Alain Breuer, dass Jehuda Schwarzbaum sehr krank ist. Das bestätigte uns sein älterer Sohn Ron im Dezember 2008: „Meinem Vater geht es nach einem Oberschenkelhalsbruch gesundheitlich nicht gut. Hinzu kommt noch, dass er seit Jahren unter Fieberschüben leidet, die nicht geheilt werden können."

Und er fügte hinzu: „Im Übrigen finde ich es grandios, dass Sie in Tailfingen ein Ausstellungs- und Dokumentationszentrum errichten."

Sein Porträt in „Jeder Mensch hat einen Namen" wurde von Jehuda Schwarzbaum gegengelesen. Der Einladung zum 6.6.2010 konnte er wegen seines schlechten Gesundheitszustandes nicht folgen, auch seine Söhne mussten in Wien bleiben. Sie kamen zum Jubiläum 2015.

Jehuda Schwarzbaum ist am 3. Oktober 2011 in Wien gestorben.

Donato di Veroli

Im USC-Interview vom 27.4.1998 ist als Wohnort Rom angegeben. Rotraut Schwarz, die in Rom wohnende Schwester von Adelheid Mall, telefonierte Anfang 2008 mit mehreren di Verolis in Rom und erhielt die Auskunft, Donato di Veroli sei gestorben. In dem Film *Gli Ebrei di Fossoli* von Marcello Pezzeti und Liliana Picciotto (o.J. ca. 2006), den wir nach mehrfachen Anfragen schließlich von der Fondazione Centro di Documentazione Ebraica Contemporanea (CDEC) ausgeliehen bekamen, fanden wir zwei kleine Interview-Ausschnitte mit Donato di Veroli und dachten, dass er noch am Leben sein könnte.

Liliane Picciotto (Director of the research des Archivio Storico des CDEC, Mailand) teilte uns schließlich im Dezember 2008 mit: „I don't know if Donato di Veroli is still alive. Any way his adress is ..."

Als Adelheid und Volker Mall im Frühsommer 2009 in Rom waren, wählte Rotraut Schwarz die mitgeteilte Telefonnummer und erreichte Frau di Veroli. Sie willigte schließlich ein, dass wir uns treffen könnten und zwar im Café eines Coop-Supermarktes. Als wir dort ankamen, saß das Ehepaar di Veroli

21 Foto © J. Kuhn

bereits vor dem Eingang. Wir wurden zum Kaffee eingeladen. Zuerst sehr reserviert, tauten die beiden auf, als wir ihnen das Gedenkbuch „Jeder Mensch hat einen Namen" mit di Verolis Porträt und den Fotos zeigten und schenkten. Sie riefen die Angestellten des Supermarktes zu sich her, von denen sie *nonno* und *nonna* genannt wurden, und zeigten ihnen stolz Buch und Fotos. Donato di Veroli machte einen sehr erschöpften Eindruck. Er sagte allerdings zu uns, dass das das erste Mal sei, dass sich jemand aus Deutschland nach seinem KZ-Schicksal erkundige. Wir luden ihn und seine Frau dann zur Eröffnung 2010 ein:

"Herrenberg, 26.10.2009
Cara Signora di Veroli, caro Signor di Veroli,
il borgomastro di Tailfingen purtroppo ha rinviato l´inaugurazione dell´esposizione.
Non è il 11 aprile ma probabilmente il sei di giugnio 2010."
Leider konnten sie nicht kommen.

Wir nahmen mit seinem Neffen Kontakt auf, weil Donato di Veroli uns gesagt hatte, dieser habe „Material". Er bedankte sich am 12.6.2009 für das Gedenkbuch, ohne allerdings auf unsere Frage nach möglichen Dokumenten einzugehen: „Thank you for your work! This is an important answer to historical revisionism. Thank you very much. Marco Del Monte."

Peter A. Zuckerman[22]

Peter A. Zuckerman war am 13.2.1945 von Hailfingen in das Krankenlager Vaihingen/Enz transportiert worden, wo er bis zur Befreiung am 7.4.1945 blieb. Überlebt hat er dank der Hilfe von Irmgard von Neurath, die Häftlinge zur Arbeit auf ihr Hofgut holte. Ihre Tochter, Wendelgard von Staden[23], und die KZ-Gedenkstätte Vaihingen/Enz hatte Peter A. Zuckermann 2005 besucht.

Peter A. Zuckerman haben wir 2006 durch eine Anfrage bei der KZ-Gedenkstätte Vaihingen/Enz gefunden. Es gab einen regen Briefwechsel: „Thank you for sending me my Personalkarte. When I realized the nature of the document, a German word came to my mind: Unglaublich. It is amazing that you discovered these records during your research." Er korrigierte unsere Recherchen: „I checked the translation of my article, and it appears to be good. I did make a few improvements:
Konstantin von Neurath should start with the letter "K" instead of "C". ... My prisoner number should be A-9867 (the hyphen is part of it)."

Peter A. Zuckerman
Wendelgard von Staden

Christian Fabian, ein in den USA lebender Jazzbassist, Neffe des Herrenberger Pfarrers Bausch, hat ihn 2008 besucht und interviewt. 2011 besuchten ihn Sadie Weis und Kornelius Glaser in Takoma Park.
Zur Einweihungsfeier der Gedenkstätte konnte er wegen des schlechten Gesundheitszustandes seiner Frau nicht kommen: „I am honored to be invited to the Opening Ceremonies. Unfortunately I may not be able to attend. My wife, Sandra, recently suffered a stroke. Sandra is recovering and able to live at home, but she is incapacitated, and requires 24-hour supervision. My son and I are able to provide the supervision, but my continous presence is required."
Er wollte "die Gründe des Holocaust verstehen, die Gründe, warum organisierte Kriege immer noch als soziale Institution akzeptiert werden und was getan werden kann, um eine Welt in Frieden zu erreichen."
Peter A. Zuckerman hat uns mehrfach bei unseren Recherchen geholfen. Er ist am 14. Oktober 2020 gestorben.

---

22 Foto © Zuckerman
23 Wendelgard von Staden kam 2024 99-jährig zu einem „Zeitzeugengespräch" in die KZ-Gedenkstätte.

Angehörige

Maurice Benadons Söhne Jean-Claude und Marc Benadon

Das USC-Interview mit Maurice Benadon wurde am 9.6.1995 in Paris aufgenommen.

Im französischen Telefonbuch fanden wir fünf Benadons, die wir ab Mai 2008 mehrfach anschrieben. Einer der Adressaten, Claude Benadon (Paris), antwortete im November 2008: Er habe nie von Maurice Benadon gehört. Er müsse aber ein Verwandter – wohl ein Vetter – seines Vaters sein. Es gäbe nur *eine* Familie Benadon, die ursprünglich aus Saloniki stamme. Nachdem wir ihn über seinen entfernten Verwandten Maurice und dessen Tätigkeit in der Résistance informiert hatten, schrieb er Anfang Dezember 2008: „Thank you very much for this information. I am very proud of my relative that I never had the pleasure to know. … I tried to get in touch with Maurice MINKOWSKI, ´son copain´, through his daughter in law, but this seems very difficult because Maurice refuse to speak about such dramatic period."

Schließlich bekamen wir im August 2009 von Nicole Mokobodzki von der UJRE (Union des Juifs pour la Résistance et l'Entraide), die für uns nach Informationen über Maurice Benadon und Maurice Minkowski[24] gesucht und unsere Fragen in Publikationen der UJRE veröffentlicht hatte, die Adresse des Sohnes Jean-Claude. Er antwortete uns am 7.10.2009:

« Mon père Maurice Benadon est mort le 1er avril 1999 à Paris. Mon père a eu trois enfants avec sa femme Simone : l'aîné Jean-Claude ensuite Muriel et enfin Marc. Bravo pour votre travail de mémoire».

Jean Claude Benadon folgte unserer Einladung zur Einweihung der Gedenkstätte im Juni 2010. Im Interview mit Johannes Kuhn erzählte er: „Als mein Vater zurückkam hatte er Typhus. Ich habe ihn extrem mager in Erinnerung, er ging am Stock; so war das vielleicht ein oder anderthalb Jahre. Ich habe da ziemlich schreckliche Bilder im Kopf. Aber andererseits ... hatte er einen ausgeprägten Lebenswillen. Er wusste, dass er einen Sohn hatte, mich in dem Fall, und das hielt ihn, denke ich, am Leben. Als die Amerikaner sie [die Häftlinge im KZ Vaihingen/Enz] befreiten, trafen sie nämlich eine Auswahl zwischen denen, die sterben mussten und denen, die behandelt werden konnten. Sie hatten ihn als Sterbenden betrachtet. Aber er konnte schließlich noch nach Straßburg entwischen, um dort von Franzosen eingesammelt und gepflegt zu werden."

2017 kam Jean-Claude mit seinem Bruder Marc Benadon zu Besuch. Als beim gemeinsamen Abendessen Simon Gutmanns Sohn Jean-Sylvain von Volker Mall die Begleichung seiner Reisekosten in Bar verlangte, bezahlte Jean-Claude sie.

Zur Verleihung des Obermayer Award 2018 an Volker Mall und Harald Roth kam er nach Berlin.

Eric Breuers Frau Mathilde und Sohn Alain Breuer[25]

Auf der Suche nach Eric Breuer und seiner Familie fanden wir im französischen Telefonbuch Nizza den Eintrag „M Breuer", ohne zu ahnen, dass das die Nummer bzw. Adresse von Erics Frau Mathilde Breuer war. Am 26.5.2008 schrieben wir dorthin. Nachdem keine Antwort kam, schrieben wir am 18.6.2008 an den Sohn Walter Breuer, der den Brief wohl an seinen Bruder Alain weitergab.

Adelheid und Volker Mall trafen sich im September 2008 mit Mathilde und Alain Breuer in Nizza, eine denkwürdige Begegnung, an die sich eine rege Korrespondenz anschloss.

---

24 Maurice Minkowki starb am 13.12.2021.
25 Foto © R. Wald

Wir fanden viele Dinge heraus, von denen die Familie nichts wusste. So fanden wir im Österreichischen Staatsarchiv z.B. die Bauzeichnung des Hauses Breuer in Wien in der Kohlmessergasse 6 von 1900, ein Foto des arisierten Gebäudes (1941) und Informationen über den Besitz der Familie, u.a. eine Sammlung von Gemälden aus dem 19. Jahrhundert (Schwerpunkt Österreich). In der Sammlung befanden sich Werke von Josef Danhauser, Johann Matthias Ranftl und Rudolf von Alt. Die Firma „Brüder Breuer" wurde bereits 1938 arisiert, „Treuhänder" wurde Franz Ogrisek, 1939 gefolgt von Heribert Schindelka. 1940 wurde das Eigentum von Julius und Paula Breuer „zugunsten des Deutschen Reiches" eingezogen. Teile der Kunstsammlung wurde dem Finanzamt zum Ausgleich der vermeintlichen Steuerschulden (d.h. „Reichsfluchtsteuer" und „Judenvermögensabgabe") überlassen. Weitere fünf Gemälde wurden auf die „Reichsliste" gesetzt und nicht ausgeführt.[26]

Als er unser Gedenkbuch „Jeder Mensch hat einen Namen" erhalten hatte, schrieb Alain Breuer:

"It was a nice but also very moving surprise to receive your great book. The front picture showing my father and Mr. Schwarzbaum as a kid was a great emotion. Thank you and congratulations for this fantastic memory work. It is a great emotion to see my family members here and thank you for including pictures of my brother and myself. I hope finally your city fellows will appreciate this historical book even if it recalls some bad memories: if only it could avoid the same in the future and educate the young generations not to forget, for the better and the worse. You can be proud."

Nach der Einweihungsfeier, zu der Alain Breuer mit seiner Mutter angereist war, schrieb er:

"Let us very warmly congratulate you for your tremendous contribution to the revival of a page of the history of your area. You did it in such a documented, precise and hearty way that really moved us deeply. The reception was absolutely beyond expectation and we wish to thank you from the bottom of our heart. We spent emotional moments, regretfully too short as we had to leave in the afternoon to catch our plane from Stuttgart, but late enough to listen and admire your talent as a musician!

We could not imagine how much time and work you had spent for this organization, not to say about the politician barriers you certainly had to cross over. Now we realize it better and we are most impressed.

My father would have been proud and happy to see that! He is although very present and we are very grateful to you to give him the place he deserves. … We pray that peace and humanity will be eternal in Herrenberg and beyond, and that your efforts will be a long-lived landmark in this respect. Thank you for all: It was an unforgettable lifetime for us.

Warmest regards

Mathilde & Alain Breuer"

Raphaël Caracos´ Nichte Joëlle Sides und ihre Freundin Christa Linkenheil[27]

Joëlle Sides hatte erst sehr spät von ihrem Onkel und seinem Schicksal erfahren, da ihr Vater nie von seinem Bruder sprach. Sie meldete sich im August 2020, um mehr über ihn zu erfahren. Sie hatte beim Mémorial de la Shoa in Paris von unserer Arbeit erfahren und bat ihre Freundin Christa Linkenheil, sich bei uns zu erkundigen, was wir über ihren Onkel wissen. Zusammen mit Christa Linkenheil recherchierten wir aufwendig weiter. Wie bei Jacques Rebboah half uns Jean-François Faye:

„Je travaille aussi sur le parcours de Robert Caraco depuis 48h. J'ai été alerté par madame Christa Linkenheil. Effectivement, Robert Caraco et Jacques Rebboah (c'est moi qui avait donné à l'époque son dossier de Caen) ont eu exactement le même parcours.

26 Hanns Christian Löhr: Das Braune Haus der Kunst. Hitler und der „Sonderauftrag Linz". Visionen, Verbrechen, Verluste, Berlin 2005, S. 33, 116, 131; Tina Walzer/Stephan Templ: Unser Wien. "Arisierung auf österreichisch", Berlin 2001, S. 172 f., 205, 218.
27 Foto © Caen DAVCC

Jacques est décédé à Spire, mais pas Robert qui, semble-t-il, a été acheminé à Reicheneau. Est-il mort là ou en chemin? J'ai questionné les nécropoles de Natzweiler (Struthof) et de Cernay, il ne s'y trouve pas. Je teste encore une autre piste. On va aussi demander le dossier de Caen sous réserve que le confinement nous le permette. Dès que j'ai du nouveau, je vous tiendrai au courant.

Bien cordialement, Jean-François Faye 2020-10"

2020 hatte ich erfahren, dass es vom Friedhof bei der Heil- und Pflegeanstalt Reichenau Exhumierungen und Umbettungen gab, über die es aber keinerlei Protokolle gibt. Christa Linkenheil suchte auf diesem Friedhof vergeblich nach Spuren.

Im Februar 2021 fanden Joëlle Sides und Christa Linkenheil auf dem Friedhof *Cimetière Parisien de Patin* in Paris das Grab eines Raphaël Caraco, das 1949 angelegt wurde.

Es ist anzunehmen, dass das „unser" Raphaël Caraco ist und er 1949 dorthin umgebettet wurde.

Amedeo di Coris Neffe Amedeo Piazza

Die Angehörigen wussten seit den späten 1950er Jahren vom Tod von Amedeo di Cori, bekamen aber immer wieder ungenaue oder falsche Auskünfte. Wohl weil der offizielle NS-Name des Flughafens und des KZ *Hailfingen* war, wurde Hailfingen immer wieder mit Tailfingen verwechselt.

Im März 1957 hatte das *Commissariato Generale Onoranze Caduti in Guerra* Frankfurt an die Friedhofsverwaltung Hailfingen geschrieben, sie gehe davon aus, dass Amedeo di Cori in Hailfingen beerdigt sei. Das gehe aus den Unterlagen des Sonderstandesamtes Arolsen[28] hervor. Ob eine Richtigstellung aus Hailfingen kam bleibt unklar. Diese falsche Information wurde jedenfalls an die Familie di Cori weitergegeben und dann mehrfach wiederholt, so zuletzt noch am 18.12.2001 in einem Brief an den Bruder Angelo di Cori.

Korrigiert wurde das vom Italienischen Konsulat in Stuttgart am 23.3.2004 in einem Brief an Attilio di Veroli: *essere inhumati in una fossa commune nel cimitero di Tailfingen* (beerdigt in einem Gruppengrab auf dem Friedhof Tailfingen). Die Kommune habe mitgeteilt, *di non possedere i nomi di coloro che sono stati inumati in detta fossa, ma dato che gli sfortunati 72 deportati provengono della fossa commune creata vicino all'aeroporto di Hailfingen.* (Sie habe keine Namen der Leichen in diesem Grab, aber es sei davon auszugehen, dass die 72 unglücklichen Deportierten aus dem Massengrab in der Nähe des Hailfinger Flugplatzes stammen).

Ende März 2004 bat die Communità Ebraica di Roma beim Konsulat um Auskunft über Amedeo di Coris Grab. Das Konsulat fragte nicht in Tailfingen, sondern wieder in Hailfingen nach und teilte dies der jüdischen Gemeinde am 19.5.2004 mit. Mit dieser Nachfrage bei der Gemeinde Hailfingen sei ein Kontakt zu Utz Jeggle hergestellt worden, der das Manuskript seines Artikels "Ach Gott, wo sind die Juden?"[29] geschickt habe. Das Konsulat habe sich für die *disponibilta e generosita* (Hilfsbereitschaft und Großzügigkeit) Utz Jeggles bedankt, dessen Adresse sie der Communità Ebraica mitteilte. In Utz Jeggles Artikel heißt es u.a.: "Am 2. Juni 1945 mußten die Ortsbewohner zwischen 15 und 65 Jahren von Hailfingen ... die Toten exhumieren, ihre Leichen in Särge legen und auf den Friedhof von Tailfingen umbetten" (S. 250). Dass das vom Konsulat gelesen und verstanden wurde, ist zweifelhaft.

Amedeo di Coris Neffe Amedeo Piazza flog schließlich auf der Suche nach dem Grab seines Onkels, das immer noch in Hailfingen vermutet wurde, im März 2016 von Rom nach Stuttgart, in der Tasche eine Fahrkarte Stuttgart-Tübingen-Hailfingen. Von der IRGW wurde er an die Familie Mall verwiesen und stand schließlich vor unserer Haustüre in Herrenberg-Haslach. Wir fuhren mit ihm zum Grab im Tailfinger Friedhof, zeigten ihm den Namen seines Onkels auf der dort angebrachten Tafel und auf dem Mahnmal. Tief bewegt sagte er Kaddish für seinen Onkel.

Damit war die 60-jährige Suche beendet, deren Hintergrund uns erst klar wurde, nachdem wir eine Woche später von Amedeo Piazza Kopien der oben zitierten Dokumente bekamen.

---

28 Das Sonderstandesamt ist eine einmalige Einrichtung, die es nur in Bad Arolsen gibt. Aufgabe des Amtes ist die Beurkundung von Sterbefällen in den ehemaligen deutschen Konzentrationslagern. Dabei arbeitet es eng mit dem ISD/ITS zusammen.

29 In: Karlheinz Geppert und Heidi Heusch (Red.), 900 Jahre Hailfingen 1093-1993. Rottenburg am Neckar. 1993, S. 245-253

Einen Tag nach seinem Besuch rief ein Fleurop-Laden an und fragte, auf welchen Friedhof sie die bestellten Blumen bringen sollen. …

Amedeo di Piazza kam dann noch einmal und legte ein Foto seines Onkels auf das Grab in Tailfingen.

Abraham Fajngolds Sohn Jacques Fajngold

Zvi Golany (damals in Brüssel) hat Jacques Fajngold für uns gefunden. Marjolijn de Loos hat im November 2014 den Kontakt hergestellt. Wir haben ihn zum Jubiläum 2015 eingeladen.

Serge Foder/Siegfried Fiskus´ Neffe Marc Genzel[30]

Wir nahmen lange an, dass Serge Foder einer der etwa 60 Hailfinger Häftlinge war, die vor ihrer Deportation in Frankreich wohnten.

2017 erzählte uns Muriel Nemoz, die wir bei der Recherche zu Rebboah kennengelernt hatten, von der *Associaton Convoi 77*, zu deren Team sie gehört.

Es folgte ein Austausch von Informationen.

So erfuhren wir im April 2018, dass Serge Foder der Tarnname des in Stuttgart geborenen Siegfried Fiskus war.

Im Mai 2018 recherchierte daraufhin Elke Martin für uns im Staatsarchiv Ludwigsburg.

Hella Fiskus, die Schwester von Serge heiratete 1946 Jacques Genzel. Das Paar hat zwei Söhne: Marc Serge und David Maurice Genzel. Ende 2019 fanden wir Marc Genzel in Grenoble. Er kam zur Stolpersteinlegung am 4. März 2022 nach Stuttgart und zum Jubiläum 2022. Und er recherchierte aufwendig nach seinem Onkel.

David Franschmans Enkelin Vossebelt-Franschman[31]

Ein Sohn David Franschmans, Daniël Leo Franschman überlebte den Krieg. Seine Tochter Rody Vossebelt-Franschman (Dronten) hat sich im Februar 2013 gemeldet und nach Informationen über ihren Großvater gefragt.

Rody Vossebelt-Franschman teilte mit, dieser Sohn sei ihr Großvater Daniël Leo Franschman, der 2006 gestorben sei. Nachdem wir ihr mitgeteilt hatten, dass David Franschman in Tailfingen begraben ist, hat sie einen Besuch des Grabes und der Gedenkstätte angekündigt. Sie kam dann mit Schwester Anita Hoedeman-Franschman und Bruder Job Franschman im November 2014.

„´Die Erlebnisse meiner Familie im Holocaust haben uns alle sehr geprägt", sagt Anita Hoedeman. ´Wir sind emotionaler als andere Familien und auch misstrauischer.´

Der Großvater David Franschman war über Westerbork nach Auschwitz gekommen und von dort aus über Stutthof an einen Ort transportiert worden, von dem er nicht mehr

Job Franschmann, Rody-Vossebelt-Franschman, Anita Hoedemann-Franschman 2014

---

30 Foto © Schmidt
31 Foto © J. Kuhn

zurückkehren sollte: das KZ-Außenlager Hailfingen-Tailfingen. ... Vater Daniël Leo Franschman – damals noch ein Kind – lebte versteckt und wurde in Amsterdam befreit. Er trug schwere seelische Narben davon, vergaß seinen Namen und nannte sich einige Zeit lang ´Jan´. Vom Judentum wandte sich Daniël Franschman ab. Er wuchs nach dem Krieg in einer christlichen Familie auf, konvertierte zum Christentum und heiratete auch eine christliche Frau. ´Unsere Kindheit war nicht leicht´, erzählt Anita Hoedeman, die mit ihren Geschwistern Job Franschman und Rody Vossebelt-Franschman aus dem niederländischen Enschede angereist war. ´Mein Vater konnte über die Vergangenheit nicht sprechen und auch seine Gefühle nicht ausdrücken. Er war sehr verschlossen, schon Kleinigkeiten irritierten ihn stark.´ Auch einen Fernseher besaß die Familie nicht, erzählt die 42-jährige Sekretärin: ´Nachrichten ertrug mein Vater nicht. Sie deprimierten ihn zu sehr.´ (Gäubote 20.11.2014)

Leib Fuks´ Tochter Eni Krieger-Zerwas

Leib/Arie Fuks war verheiratet mit Edith Hermine Fuks geb. Rapf, sie wurden 1970 geschieden. Frau Fuks zog nach der Scheidung nach Bernkastel-Kues. Sie heiratete erneut und betrieb ein Hotel in St. Goarshausen. Arie Fuks ist nach Berlin-Wilmersdorf, Düsseldorfer Str. 58 gezogen und ist am 8.9.1981 gestorben.

Das Paar hat zwei Töchter: Dalia Meschkat (*1962, Birkenfeld) und Enia Müller-Fuks/Eni Krieger-Zerwas (*1966, Idar-Oberstein).

Mit Enia Müller-Fuks alias Eni Krieger-Zerwas kamen wir im August 2017 in Kontakt.

Günther Heidemanns Enkelin Maya Mosler

Günther Heidemanns Enkel Avital Siv (Israel), Yael Schulamit Yadon (Australien) und Maya Mosler (Frankfurt) hatten 2012 in Berlin ihrem Großvater und seiner Familie Stolpersteine setzen lassen.

Anfang 2015 fanden wir Maya Mosler durch eine Mitteilung, dass kurz zuvor in Berlin-Charlottenburg weitere Stolpersteine verlegt wurden. Sie kam mit ihrem Mann Volkhard Mosler zum Jubiläum 2015. Und Volkhard Mosler referierte im Januar 2019 in der Gedenkstätte. Thema: *Faschismus und der Holocaust – Versuch einer Erklärung. Warum konnte es gerade in Deutschland zum Holocaust kommen?*

Nadine Dürr im Gäubote:

„Dass der Antisemitismus in Deutschland stärker verwurzelt war als anderswo – diese These des Politikwissenschaftlers Daniel Goldhagen entkräftete Volkhard Mosler gleich zu Beginn seines Vortrags. ... Doch wie war der Holocaust dann möglich? Der ehemalige Mitarbeiter des Frankfurter Instituts für Sozialwirtschaft hält die Entwicklung eines faschistischen Doppelstaats, wie ihn Fritz Neumann und später Horst Haenisch beschrieben, für zentral: ´Mit der Gestapo ist neben der Polizei eine zweite Polizei entstanden, neben der Wehrmacht die SS, neben den Gerichten die Sondergerichte. Es gab bewaffnete Parallelstrukturen zu den einzelnen Säulen staatlicher Macht.´... Hitler hatte sich einen Machtapparat aufgebaut, mit dem er die Generäle der Wehrmacht in Schach halten konnte.´ Nur mit diesem doppelten Staatsapparat sei die Auslöschung des Judentums, die ´das A und O der NS-Ideologie´ gewesen sei und sich bis auf Texte Hitlers aus den 1920er Jahren zurückverfolgen lässt, erklärbar."(Gäubote 2019)

Daniel/Daniil Isakis/Ischakis Enkel Daniel Peretz

Den Enkel Daniel Peretz haben wir mithilfe von Theo Sussos im Juni 2018 in Israel gefunden.

Daniel Peretz schrieb am 15. Juni 2018:

„Dear Volker, thank you again for the amazing information, until yesterday we didn't know all this details, it is a surprise for us to know the date of the death and that he have a grave. unfortunately my mother died 12 years ago and for her this information was very important, (also for me), we are planning to visit the grave at the end of the year.

Daniel Peretz."

Aus dem Besuch wurde bisher nichts.

Ignac Kleins Sohn Joseph Keren[32]

Der Grabstein für Ignac Klein auf dem Tailfinger Friedhof war Mitte der 60er Jahre von Ignac Kleins Söhnen in Auftrag gegeben worden. Ignac Klein hatte drei Söhne: Joseph Keren (geboren 1928), Emil/Amnon Keren (1924-1995) und Norbert/Nachman Ran (1925-1996).

Amnon, Ignac Kleins ältester Sohn, war Regierungsbeamter, später Rechtsanwalt; er starb am 23.9.1995. Nachman war bei der israelischen Armee (IDF) und beim Außenministerium. Später hat er als Herausgeber gearbeitet und z. B. *Das Heilige Land* von David Roberts (Parkland 1982) veröffentlicht; er starb am 15.7.1996.

Joseph, der jüngste der Brüder, war Manager bei Koor Industries.

Bei unseren Recherchen waren wir auf einen Briefwechsel zwischen dem ehemaligen Gäufeldener Bürgermeister Hermann Wolf und Amnon Keren alias Emil Klein, dem ältesten Sohn von Ignac Klein gestoßen. Nach Informationen von Heinz Lörcher und Walter Fischer kam Amnon Keren wohl bis 1981 jährlich nach Tailfingen.

Ihm schrieben wir am 7.4.2006 einen Brief an seine Adresse in Givatayim/Israel. Drei Wochen später kam an einem Nachmittag ein Anruf. Ein offensichtlich älterer Herr meldete sich in Jiddisch gefärbtem Deutsch und erzählte sehr freundlich, er sei der letzte noch lebende Sohn, Joseph Keren. Der Brief an seinen Bruder sei auf Umwegen zu ihm gekommen.

Er schickte uns Kopien aller seiner Unterlagen und schrieb uns im Juni 2006 u.a.:

„Finanziell ging es unserer Familie gut. Mein Vater hatte zwei Fabriken in Klausenburg (Siebenbürgen), wo die Familie seit 1924 lebte, soweit ich mich erinnere, immerhin bin ich 78 Jahre alt. Wir, die Söhne gingen aufs Gymnasium und trieben Sport. Norbert verließ Klausenburg 1942, ging nach Palästina und entging so der Deportation. Ich hatte die Ehre in Birkenau zu sein. Im Juli 1944 kamen wir dort an. Mein Vater hatte die Auschwitz-Nummer A 16 246, ich die nächsthöhere A 16 247. Am 28.10.1944 wurden mein Vater und ich getrennt, ich kam in ein kleines Lager in Oberschlesien, er dachte dann, dass ich tot sei, und ich dachte, er sei tot. Mein ältester Bruder, Emil, war Zwangsarbeiter in Ungarn und wurde von der Roten Armee befreit. Später kam er ebenfalls nach Israel. So fanden wir drei Brüder wieder zusammen.

Meine Brüder haben dann Anfang der 60er Jahre den Stein auf dem Tailfinger Friedhof anbringen lassen, die waren in Europa, ich war hier in Israel. Als ich einmal dort war, habe ich dem Bürgermeister Geld für das Grab gegeben. Ich bekam von ihm die Antwort, dass 1986 ein Gedenkstein angebracht worden sei."

Wir teilten ihm mit, dass sein Vater tatsächlich in Hailfingen gestorben und in das Massengrab gelegt worden war, aus dem er in das Grab auf dem Tailfinger Friedhof umgebettet wurde.

Wir standen bis zum April 2010 mit ihm in Kontakt und schickten ihm eine Einladung zur Eröffnung der Gedenkstätte. Danach konnten wir ihn nicht mehr erreichen. Auch mehrere Nachfragen bei der Stadtverwaltung in Haifa, die Suche durch Mordechai Ciechanower, Gideon Greif und Harald Roth (bei seiner Israel-Reise im März 2011) blieben ergebnislos.

Erst Anfang 2016 fand Amir Haskel, der Mordechai Ciechanower bei seinem Besuch anlässlich des 5-jährigen Jubiläums nach Tailfingen begleitet hatte, Yael Kilim, die Tochter von Amnon Keren, verheiratet mit Shimch Kilim. Und Gil Ran, den Sohn von Nachman Ran. Yael Kilim teilte uns mit, dass Joseph Keren 2010 gestorben ist.

Gil Ran schrieb im Juni 2016: "As I am the only son of Nachman, it will be my honor to keep up whatever is necessary to keep my Grandpa memory. I visited his grave 14 years ago with my wife – I would like to come again with my 4 kids soon."

---

32 Foto © J. Kuhn

Ehepaar Koekkoek in Malls Garten

Barend Koekkoeks Sohn Joop Koekkoek[33]

Im Frühjahr 2009 stießen wir auf einen Brief des niederländischen Roten Kreuzes an Frau Aaltje Dieuwertje Koekkoek, in dem ihr mitgeteilt wurde, dass ihr Mann, Barend Koekkoek, am 28.11.1944 in Natzweiler gestorben sei. Über den Geburtsnamen von Frau Koekkoek konnten wir den in den Niederlanden lebenden Sohn des Ehepaares, Joop Koekkoek, ausfindig machen.

60 Jahre lang hatte er angenommen, dass sein Vater in Natzweiler gestorben ist, weil es so ja vom Roten Kreuz mitgeteilt worden war. Wir teilten ihm nun mit, dass Barend Koekkoek im KZ Hailfingen/Tailfingen, einem Außenlager von Natzweiler, gestorben ist, und dass er am 5.12.1944 im Krematorium Reutlingen im Friedhof „Unter den Linden" eingeäschert wurde.

Joop Koekkoek kam im September 2009 mit seiner Frau Nora nach Herrenberg und Tailfingen. Bei einem Besuch des Friedhofes „Unter den Linden" legten sie einen Strauß an der Stelle nieder, an der die Asche von Barend Koekkoek liegt. Anwesend waren die Presse (Schwäb. Tagblatt, GEA), Hans Martin, der über den Ort informierte, an dem die Asche versteckt worden war, H.E. Gemeinhardt vom Reutlinger Stadtarchiv. Als wir ihm in Tailfingen den Ort des Hangars zeigten, pöbelte uns der Vorsitzende des Tailfinger Turn- und Sportvereins (Erwin Schlögl[34]) an: Was wir hier zu suchen hätten, wir sollten verschwinden und lieber auf den Friedhof. Joop Koekkoek zu ihm: „Da wollen wir gerade hin, zum Grab meines Vaters".

Jopp Koekkoek schreibt nach der Rückkehr; „Danke shon fur das essen und drinken. Es war sher gut. Und naturlisch fur alles was wir gesehn und erlebt haben .das war mehr dan ich gedacht habe. special auf der flugplats war mein vater die letste stunden von seine leben hat erlebt. die sefde ausblick had gesehn die isch auch habe hat mir sehr getroffen. ... danke fur alles und naturlich auch die fam.roth grusse joop und nora."

Kurz darauf: "19.7.09 Heute wieder in krommenie. Und eine grosse uberrassung. dass buch war dar und ist sehr shon auch uber meine vater ist sher gut geschrieben. Danke fur den fiele arbeit die ihren verein gemacht hat. Wir wollen in oktober nach Hailfingen fahren."

Wie Marga Griesbach und Robert Wald, die im Sommer 2008 den Friedhof besucht hatten, bedauerte und kritisierte auch Joop Koekkoek, dass an dieser Stelle, dem Mahnmal mit der Inschrift "Den Opfern der Gewalt 1933-1945" jede Information über die Opfer fehlte.

Joop und Nora Koekkoek kamen zur Eröffnung der Gedenkstätte und nahmen am 6.7.2010 an der Einweihung der Namenstafel auf dem Reutlinger Friedhof teil.

Beim Auftritt der von Joop Koekkoek gemanagten *Steel Electric Band* am 12.4.2011 im Grünen Baum in Tailfingen konnten sie nicht dabei sein. Ursprünglich wollten sie auf der Rückreise vom Urlaub Ende Juni 2011 wieder ins Gäu kommen. Leider kam es nicht mehr zu dieser Begegnung. Nach kurzer schwerer Krankheit ist Joop Koekkoek am 7.7.2011 gestorben. Kurz zuvor hatte er geschrieben: „Leider werde ich nicht mehr gesund. Darum bin ich froh darüber, was ich in den letzten Jahren erfahren habe in Hailfingen. Es ist gut Freunde da zu haben. Ich danke Dir und deinen Freunden dafür, was sie für uns gemacht haben. ... Nora und ich danken dafür."

Joop Koekkoek war Musikmanager und organisierte u.a. Auftritte niederländischer Musiker bei *Ein Kessel Buntes* im Palast der Republik in Ostberlin.

---

33 Foto © Roth
34 Er hat durch seinen Einspruch sieben Jahre (2010 bis 2017) lang verhindert, dass auf dem (von der Gemeinde gepachteten) Grundstück des Vereins eine Information über den dortigen Hangar angebracht wird.

David Kozaks Töchter und Enkel[35]

Da wir David Kozak keine Stutthofer Häftlingspersonal-karte und damit keine Auschwitznummer hatten, wussten wir nicht wie er nach Auschwitz kam. Erst ein neuer Blick im September auf die Transportliste Auschwitz-Stutthof machte klar, er war dort als David Kazak registriert.

Theo Sussos stieß bei seinen Recherchen zum Auschwitzer Sonderkommando auf David Kozak und wies uns Anfang April 2017 darauf hin, dass dessen Tochter und seine Enkel in England bzw. den USA leben.

Marion Kozak war sehr überrascht, als wir über unsere Recherchen berichteten. Sie antwortete am 10.4.2017:

"Many thanks for all this information, which is certainly correct. Our father, David Kozak, was definitely born some-time around 1909. ... I would like to visit your office in Germany and examine any documentation that you may have on the crimes committed during the war in Poland, however painful that may be."

David Miliband schrieb am 15. und 24.4.2017:

"Thank you for your email about this very distressing period in European history. I congratulate you on your determina-tion to establish historical memory. ... Very many thanks for your efforts and for writing. I truly appreciate it."

Ed Miliband war nach Auschwitz gereist und hatte die Ho-locaust-Gedenkstätte Yad Vashem besucht, um mehr über den Großvater herauszufinden. „Sie machten uns Andeutungen, dass er nicht in Auschwitz ums Leben gekommen war, aber wir kamen nicht weiter." Er hatte schon nach einem Außenlager in Deutschland gesucht, ohne allerdings Näheres herauszufinden. Vermutlich hatte er die Testimonys von Frida Landau (1925-2015) für seinen Vater und seine Großel-tern gesehen. Für David Kozak steht dort als Todesort „Germania".

Sein Bruder vermutete nach einem Hinweis von Yad Vashem, dass sein Großvater in Buchenwald ge-storben sei. Er besuchte 2015 Buchenwald und bekam dort die (falsche) Auskunft, sein Großvater sei im KZ-Außenlager Harzungen beim Bau einer Landebahn gestorben.[36]

In einem Bericht des Telegraph vom 14.11.2015 *How a trip to Israel helped Ed Miliband rediscover his Judaism* heißt es:

"Of the 4,000 prisoners at Harzungen camp, 556 died. And Ed Miliband now knew his grandfather had been one of them. Dawid Kozak. Born Czestochowa, Poland, 1909. Died **Harzungen**, Germany, 1945. Murdered in the Shoa."

Die beiden Töchter und Enkel von David Kozak kamen am 1. Oktober 2017 nach Tailfingen.
Es war eine sehr bewegende Begegnung.
David Miliband schrieb am 3.10.2017:

"I am writing to thank you most deeply for your committed and successful work to tell the story of Hailfingen's terrible past, and teach a message of humanity to future generations. Your work over many years is a real beacon of hope, and of course in the last two days you have given our family an unexpected chance to find the answers to some very deep questions. Your spirit and sensitivity throughout our stay with you was most appreciated, and your families and fellow local residents could not have been more

---

35 Foto © Holom
36 "Mr Miliband, 45, said: 'It has taken us almost 70 years to find out the truth. But it's still very hard to take in. We had thought he died in Auschwitz, but he died building a Nazi airstrip in a camp called Harzungen.' ...
Dawid had arrived at Harzungen late in the war and he died only three months before the camp was liberated by US soldiers in 1945." Daily Mail, 29.1.2015. In Harzungen gab es keinen Flugplatz.

welcoming or supportive. I left with deep gratitude for your work and profound impression of the way Germans are taking charge of their own history and therefore their future.
I am very grateful and of course am happy to help your endeavors in any way in future.
Sincerely,
David Miliband"
Ed Miliband half bei der Suche nach dem aus Tailfingen umgebetteten britisch/pakistanischen Soldaten Mardan Desil/Mir Akbar.
2023 kam Ed Miliband mit Frau und Kindern erneut ins Gäu.

Avsei Lazovins Nichte Mara Vekhnis

Mara Vekhnis hat 1991 für ihn ein Testimony an Yad Vashem geschickt. Wir fanden sie und ihre Tochter Betty im März 2016 in New Jersey (USA). Fast alle ihre Verwandten seien im „Wald von Rumbula"[37] ermordet worden. Nach dem Krieg ist sie nach Riga zurückgekehrt und dann in die UdSSR geflohen. Zwei ihrer Vettern kamen wohl über Stutthof nach Deutschland und haben überlebt.
Nachdem uns Nancy Lefenfeld die Adresse besorgt hatte, telefonierte Johannes Kuhn mit ihr im Januar 2015. Sie bestätigte, dass sie Lazovins Nichte ist.

Benjamin Magnus Enkelin Alice Carla Waterman

Benjamin Magnus Tochter Carla (*18.4.1929 in Rijssen) hat am 21.2.1956 in Rijssen Louis Abraham Waterman (*20.10.1925 in Hilversum) geheiratet, der am 20.1.1993 in Zwolle gestorben ist. Das Paar hat eine Tochter: Alice Carla Waterman (*1959 in Hilversum). Sie hat Joop Koekkoek für uns im Januar 2014 gefunden.

Motek Malachs Sohn Abraham Malach

Abraham Malachs abenteuerliche Geschichte ist in „Die Häftlinge des KZ-Außenlagers Hailfingen/Tailfingen" nachzulesen (S. 298 ff.)
Wir fanden 2020 seine Adresse, und es entstand ein reger Briefwechsel.
„4.2.21. Dear Mr Volker,
My sister Bella did in fact live in Stuttgart for the school year 1948-1949 and in fact I had joined her there for the same reason. However, at the end of the school year we moved back to our parents in Amberg/Oberpfalz not Ambach. My sister then emigrated to Israel where I joined her to attend Gymnasium. My parents meanwhile moved to Stuttgart and lived at first at Sonnenfelder Str as you indicated but moved eventually to a larger place at 120 Augusten Str that served as their business as well.
Regards, Abe"
Die Sonnefelder Straße in Stuttgart ist die Senefelder Straße, in der Volker Malls Großeltern und sein Vater wohnten.
Abraham Malach kam mit seiner Tochter zum Jubiläum 2022.
Er sagte, er sei uns und unserer Arbeit zuliebe gekommen.

Werner Josef Minden – Michelle Franklin und Vered Sluizer[38]

Im Juli 2016 meldete sich Werner Josefs Großnichte Michelle Franklin aus Melbourne:
„I recently found a reference for my late (paternal) great-uncle, Werner Josef Minden via a google search in *Die Häftlinge des KZ-Außenlagers Hailfingen/Tailfingen* (google books). I could not find a contact easily for the authors, but found Jay Szkolnik's name in the end of the publication, and as I am also in

---

37 Im Massaker von Rumbula ermordeten Angehörige der SS im Wald von Rumbula im gleichnamigen Stadtteil von Riga Ende 1941 über 26 000 lettische sowie 1053 Berliner Juden.
38 Foto © Mall

24

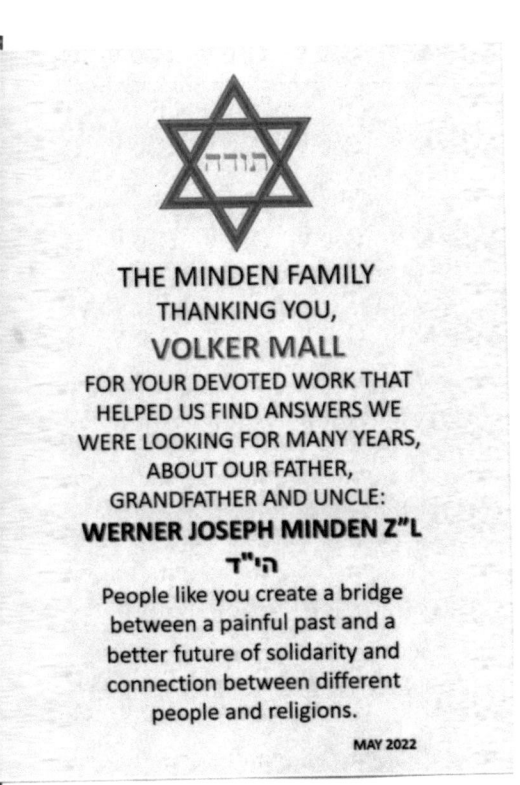

Australia, I made contact with him. Jay was able to share with me some more information, as well as your contact details."

Michelle Franklin wollte v.a. etwas über Herma Mindens Sohn Waldemar herausfinden. Es folgte eine aufwändige Recherche, in deren Verlauf dann auch klar wurde, dass Michelle Franklin bereits sehr viel über die Familie herausgefunden und dies Eingang gefunden hatte in Gerhard Scheurichs Buch über Egon Minden: *Ein Stolperstein mit Fragezeichen* (3′, Berlin 2016). Danach brach der Kontakt ab.

Im Juli 2017 meldete sich Vered Sluizer-Ida aus Israel bei uns. Sie teilte uns mit:

„Werner met my grandmother 1942 in Holland. He was 14 years older. He was the love of her life. They couldn't marry of course but their love braught my father to the world. Werner was taken by the Nazis a month after my father was born. My grandmother gave him her maiden name – Sluizer."

Die Großmutter Elizabeta Rozette Sluizer wurde am 15.4.1923 geboren. Der Sohn Edgar Rudolf Sluizer kam am 16.7.1943 im Ghetto von Amsterdam zur Welt.[39] „Werner saved his son from the Amsterdam Hospital razzia, by smuggling him out in a food basket. I can tell more brave stories about Werner and Elizabeth. Elizabetha versteckte sich bis Kriegsende an 12 verschiedenen Orten."[40]

Vered Sluizer kam dann 2018 ins Gäu … und erneut zum Jubiläum 2022.

Isaak und Avraham Nacson

Wir hatten über die griechischen Häftlinge nur sehr wenig herausgefunden. Theo Sussos fand im Sommer 2017 eine „Facebook-Community" von nach Israel ausgewanderten Griechen. Nachdem wir in dieser Community Moshe und Shlomit Dente angeschrieben hatten, suchten sie im Juli 2017 nach Überlebenden und Angehörigen. So erhielten wir von Shlomit Dente im Juli 2017 erste Informationen über die Brüder und andere Griechen (Isak Amar, Sawas Mordo, Daniel Isakis): „He (Isaak) passed away few years ago." Ergänzt wurde das durch das USC-Video Code 32740 (Übersetzung Ruben Siedner).

Im Frühjahr 2018 fanden wir Abrahams Tochter Vered Nachshon und ihren Neffen Itai.

Am 22. April 2018 schrieb Vered Gelles Nahshon: „Thank you, What do you have about his mother Pace Nacson, his sister Rosa Nacson and his brother Isack Nacson A 15509?"

2018 schrieb Vered Itai:

„Hello Volker,

thank you for your email. My name is Itai and I am Abraham Nacsons grandson and Vered's nephew. My grandfather (*Avraham*) is alive and we will be happy to ask him questions for you. Can you write them for us to ask him separate questions? He remembers a lot and talks about it a lot. …Thank you for the information. Vered Itai and the family."

Wir schickten dann Fragen an Avraham und bekamen Dokumente und Fotos. Itai berichtete im Mai 2018, was er von seinem Großvater erfahren hatte:

„The Jewish brigade went through Mannheim and asked who wants to go to Israel and he and his brother and three other girls went with them to Belgium to a resting place which was very nice but they were told they had to leave to another place to another sorting camp in a place called Tournet in Belgium where they were the only Greeks but near the harbor. They met Salamo Arouch whose name you probably know. By that time they lost touch with the Jewish brigade. Salamo Arouch told them about a place in Brussels there is a camp with many corfiots They rushed there with a train in the hope of finding

---

[39] 1941 wurde die *Jodenbuurt* in Amsterdam zum Ghetto erklärt. Im Mai, Juni und September 1943 fanden in Amsterdam drei große Razzien statt.

[40] Mitteilung von Miri Sofaro, Edgars Halbschwester, August 2017

their sister. A woman told them she perished in Bergen Belsen. They went back to take their belongings and went back to Brussels to stay with the other Corfiots. From there they took them by military airplanes to Athens and to Corfu with all the Corfiots, about 120."

Arend/Arie Philips Enkelin Regina Philip

Der Kontakt kam 2012 indirekt durch Joop Koekkoek zustande:

„Eenmaal begonnen aan mijn stamboomonderzoek kwam ik vrijwel onmiddelijk terecht op de site van Community Joods Monument. Daar bevonden zich o.a. pagina's m.b.t. mijn grootouders Arend Philip en Leentje van Dam. Op de pagina van Arend stond een vermelding van dhr. Joop Koekoek dat Arend herbegraven was in Hailfingen."

Als ich mit meiner Ahnenforschung anfing, kam ich fast unmittelbar auf die Seite der Community Joods Monument. Dort fand ich u.a. Seiten über meine Großeltern Arend Philip und Leentje van Dam. Auf der Seite über Arend stand ein Vermerk von Herrn Joop Koekkoek, dass Arend in Hailfingen begraben ist.

Am 21.8.2012 schrieb sie.:

„Dear Volker,

there are indeed living decendants of Arend. One of his sons (my father), me, my brother and the children of his other surviving son who has passed away some years ago. However, I have to respect the privacy of people in general and therefore can not give you their names and addresses. I can pass on your request though and if they are interested they can contact you.

Kind regards, Regina Philip."

Am 27. August 2012:

„Dear Volker,

thank you for the correction. Strangely enough I had the facts as shown by you.

Also thank you for the invitation. I find it very hard to visit any memorial site live.

It upsets me terribly. When I have gathered enough courage to visit the memorial site I will let you know. …The article you wrote seems correct to me. In addition I can tell you that Arend's 2nd wife was not jewish. That might have been the reason why he didn't end up in a destruction camp.

Regina Philip"

Sie kam 2015 zum Jubiäum.

Jacques Rebboahs Nichte Muriel Nemoz

Im Zuge ihrer Recherchen lernten Harald Roth und Volker Mall Pierre Caudrelier kennen, Major a.D. und damals Präsident der Deutsch-französische Gesellschaften – Regionalverband Süd.

Am 6.6.2014 fand auf seine Anregung hin in der KZ-Gedenkstätte in Tailfingen zum 70. Jahrestag der Invasion in der Normandie – in die Geschichte als D-Day eingegangen – eine Gedenkfeier statt, in deren Rahmen Pierre Caudrelier der Gedenkstätte Dokumente aus dem Archiv in Caen überreichte, darunter ein Dossier über Jacques Rebboah. Jetzt konnte auch geklärt werden, warum die aufwändige Suche nach dem Grab von Rebboah in Speyer ergebnislos bleiben musste: Er war 1950 vom Friedhof in Speyer nach Cernay umgebettet worden. Muriel Nemoz schrieb 2017: „Nous venons de découvrir votre livre sur net et c'est avec une très grande surprise que nous venons d'apprendre grace à vous et à votre ouvrage toute la verité sur notre oncle JACQUES REBBOAH que depuis 73 ans nous croyons décédé a Auschwitz le 28 /10/1944 date officielle de sa mort pour la France. En fait il est mort durant son transfert pour la France le 11/04/1945 et exhumé le 24/11/1949 du cimetiere de SPIRE pour le cimetiere de CERNAY dans le Haut Rhin ou a ce jour il demeure. Toute notre famille est totalement bouleversée par cette incroyable nouvelle et toute notre histoire en est totalement transformée; un véritable choc émotionnel. MERCI MERCI. Nous souhaiterions beaucoup vous rencontrer et pouvoir échanger avec vous. … En vous remerciant par avance et dans l'attente d'une réponse.

Muriel Nemoz"

2019 schrieb Muriel Nemoz, dass er von Cernay „repatriiert" wurde:

„Nous vous adressons la biographie de Jacques Rebboah vous qui nous avez si largement aide à enfin connaitre son parcourt et son bien terrible destin. Nous avons pris la décision de faire rapatrier le corps

de Jacques qui se trouve à la nécropole national de Cernay pour qu'il puisse enfin retrouver ses chers parents lui qui à tant souhaitè avec beaucoup de courage et de terrible souffrances revoir sa famille. Nous vous sommes infiniment reconnaissant pour votre excellent travail de recherche sans lequel jamais nous n'aurions pu réaliser ce miracle 75 ans après rendre à nos grands parents leur enfant qu'ils puissent enfin trouver la paix pour l'éternité. MERCI au nom de toute une famille.
Amicalement Muriel Nemoz"

Hermann Rosenbergs Enkel Norman Rosenberg,

Ende 2013 fanden wir in Bremerhaven den Enkel von Hermann Rosenberg, Norman Rosenberg, Sohn von Edith Rosenberg. Er besuchte uns im April 2014 und brachte viele Unterlagen mit, darunter Briefe nach und aus Auschwitz (Faksimile im Tailfinger Dokuzentrum). 2015 kam er zum Jubiläum.

Natan Rudominers Tochter[41]

Unsere einzige Quelle zu Natan Rudominer war der Eintrag im Nummernbuch.

Im April 2016 stießen wir auf das Testimony, das Natan Rudominer 1999 in Israel für seinen Bruder abgegeben hatte. Damit war klar: Er hatte überlebt und war nach Israel ausgewandert. Amir Haskel fand für uns seine Töchter Rosa/Vered und Dorit Ariav. Dorit Ariav und deren Mann Rony waren Ende April 2016 mit ihrem Sohn in der Gedenkstätte.

Henri Saytzer (Sajzer) alias Saisier Kathy Kahn

Sein Name steht auf dem Mahnmal an der Landebahn und am Grab auf dem Tailfinger Friedhof (mit falschem Geburtsjahr 1913).

Ende Februar 2024 meldeten sich Fredy Kahn und seine Frau Cathy geb. Quinchen bei uns. Sie hatten durch unsere Hinweise herausgefunden, dass Henry Saytzer in Tailfingen begraben ist. Cathy Kahns Mutter war die Kusine von Henry Saytzer. Sie kamen dann im Frühjahr 2024 ans Grab im Tailfinger Friedhof.

Cathy Kahn am Mahnmal März 2024
Q: Vecsey

---

41 Foto © Kroll

Samuel Soesans Sohn Berry[42]

Im Februar 2008 meldete sich der Sohn Berry Soesan telefonisch aus den Niederlanden. Er hatte unsere Adresse vom Jüdischen Museum in Amsterdam bekommen. Wir teilten ihm mit, wo sein Vater gestorben ist und wo er eingeäschert wurde.

Berry Sousan mit Nummernbuch

Berry Soesan kam dann am 6.6.2010 zur Einweihung der Gedenkstätte Hailfingen/Tailfingen und war am 7.6.2010 mit uns in Esslingen, wo er von der Stadt empfangen wurde und im Archiv den Hinweis auf die Einäscherung von 15 Hailfinger Opfern im Esslinger Krematorium einsehen konnte. Im Herbst 2010 schrieb er an den Esslinger Oberbürgermeister:

„Ich möchte darum bitten, dass auf dem Friedhof für meinen Vater und die anderen Hailfinger Opfer ein Gedenkstein oder eine Gedenktafel aufgestellt wird. Herr Halbekann (*Stadtarchivar*) sagte bei unserer Begegnung, das sei eine politische Entscheidung, für die er nur die Vorarbeit leisten könne. Gemeinsam mit dem Kulturreferat sei man dabei, ein Gesamtkonzept zu erarbeiten. Da es aber verschiedene Opfergruppen gäbe – von den jüdischen Esslingern über die Zwangsarbeiter und die Opfer der Euthanasie bis zu den KZ-Häftlingen – könne es aus seiner Sicht keine partikulare Lösung geben. Für die große Lösung müsse man aber noch Daten erheben und weiterforschen. Mit dieser Antwort kann ich nicht zufrieden sein. Alle 15 Hailfinger Namen sind inzwischen bekannt. Auch die Erforschung der Toten, die vom KZ Echterdingen kamen, ist abgeschlossen. Falls die Stadt Esslingen das nicht schafft, werde ich das selber in die Hand nehmen. Für uns Hinterbliebene ist es wichtig, dass die Toten ihren Namen wiederbekommen und wir einen Ort haben, an dem wir Abschied nehmen können. Ich bin jetzt 70 Jahre alt und kann nicht mehr lange warten.

Die Suche nach meinem Vater hat für mich schon 1950 angefangen. Vom niederländischen Roten Kreuz hatten ich und meine Mutter lediglich erfahren, dass Samuel Soesan im Konzentrationslager Natzweiler ums Leben gekommen sei. Nachdem ein Bekannter der Familie aufgrund des Todesdatums Zweifel an dieser Information genährt hatte, hat meine Mutter bis zu ihrem Tod 1983 die Hoffnung gehabt, dass ihr Mann doch noch lebt und eines Tages wiederkommt. Volker Mall und Harald Roth haben mich vor einem Jahr gefunden und mir mitgeteilt, dass mein Vater am 6. Dezember 1944 im KZ-Außenlager Hailfingen/Tailfingen gestorben ist."

Ende 2010 erhielt Berry Soesan die Nachricht, dass der Kulturausschuss einstimmig beschlossen habe, „noch in diesem Jahr (*2011*)" eine Tafel aufzustellen. Zwei Jahre später (!) konnte das Grabmal am 18.7.2013 eingeweiht werden. Einziger Angehöriger dabei: Berry Soesan. Die Stadtverwaltung machte es sich einfach und überließ dem Rabbiner die „Gestaltung" nach orthodoxem Ritus. Dass Berry Soesan als Sohn einer Nichtjüdin streng genommen gar kein Jude und auch nicht gläubig war (matrilineare Abstammung), spielte keine Rolle. Weder Berry noch Harald Roth oder Volker Mall, die durch ihre Recherche erst diese Einweihung ermöglicht hatten, kamen zu Wort. Berry Soesan ist 2024 gestorben.

---

42 Foto © J. Kuhn

Jack Spicer/Jakob Feldpicers Sohn Maurice Spicer[43]

Das USC-Interview wurde am 11.5.1997 in Melbourne aufgenommen. Auf unsere Anfrage beim Jewish Holocaust and Research Centre in Melbourne im Dezember 2007 kam folgende Antwort: "I am Head of the Testimonies Department of the Jewish Holocaust Centre in Melbourne, and I suggested to Jack Spicer that he give his testimony, but he never did.
I met Jack Spicer on my arrival in Australia in January 1949. Unfortunately, he is no longer alive. ...
Phillip (Phillip Maisel, Head Testimonies Department)."

Und auf eine erneute Anfrage schrieb Phillip Maisel am 4.1.2011:

"I am unable to provide you with the date of death of Jack Spicer. The enquiries at local Burial Society were

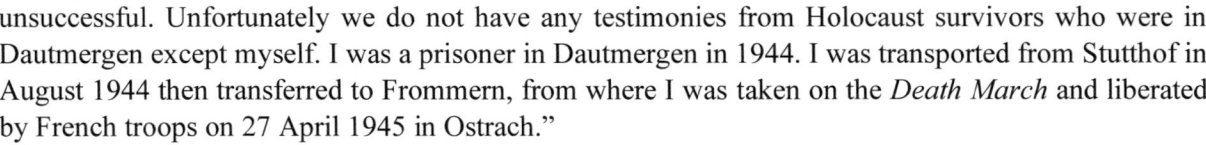

unsuccessful. Unfortunately we do not have any testimonies from Holocaust survivors who were in Dautmergen except myself. I was a prisoner in Dautmergen in 1944. I was transported from Stutthof in August 1944 then transferred to Frommern, from where I was taken on the *Death March* and liberated by French troops on 27 April 1945 in Ostrach."

Im USC-Interview stellt Jack Spicer drei seiner vier Söhne vor: Maurice, Stanley und Benny. Nach einer ganzen Reihe von „Spicers" haben wir Maurice Spicer Anfang Mai 2011 angeschrieben. Er antwortete sofort: "Mr. Jack Spicer is alive and I am one of his sons. We live in Melbourne Australia." Er schrieb am 10.5.2011: "I am grateful for any information that you have concerning my father and his family. ... As you know my father and his family were harshly treated by the Polish including neighbours who stole from them. ... Where do other survivors of the sub camp live today?" Und er schickte ein neues Foto der Familie.

Maurice Spicer kam 2010, 2015 und 2018 ins Gäu. Am 1. Januar 2015 ist Jack Spicer gestorben.

Israel Spiegelsteins Tochter Rena[44]

Dass Israel Spiegelstein in München wohnte, wussten wir aus der Zeugenvernehmung von Abraham Blotnik (23.10.1969), ebenfalls Häftling in Tailfingen. Spiegelsteins Wiedergutmachungsakte (München BEG 30340) fanden wir 2017 beim Landesamt für Finanzen München und hatten da erfahren, dass „*Herr Spiegelstein nach 1969 weiter in München verblieben und am 30.04.1991 hier verstorben ist.*"

---

43 Foto © J. Kuhn
44 Foto © Merkt

Wir haben dann in München Rena Spiegelstein gefunden. Sie meldete sich telefonisch und erzählte über ihren Vater. Rena Spiegelstein schrieb am 3.2.2020, dass Sie voraussichtlich zum zehnjährigen Jubiläum der Gedenkstätte am 21.6.2020 ins Gäu kommen wird. Sie kam dann (mit vierjähriger Verspätung) im Juni 2024 mit ihrem Sohn Oriel, in Begleitung von Fredi Kahn.

Max Steinhardts Tochter Marga Griesbach

Hans Martin vom Verein Gedenkstätten KZ Bisingen hatte uns 2005 erzählt, dass eine Frau Griesbach 2003 nach Bisingen gekommen wäre. Sie habe, nachdem sie vom ISD in Bad Arolsen erfahren hatte, ihr Vater sei in Tailfingen gestorben, bei einem Besuch in Albstadt-Tailfingen nach einem KZ gesucht und sei von dort nach Bisingen geschickt worden. Hans Martin erklärte ihr, dass das gesuchte KZ in Tailfingen im Landkreis Böblingen sei. Allerdings fuhr sie nicht mehr dorthin, da sie weiterreisen musste.

Wir wussten nicht mehr als das und suchten in ganz Deutschland vergeblich nach einer Familie Griesbach. Als wir Ende 2006 den Text von „Spuren von Auschwitz ins Gäu" redigierten, suchten wir im „Gedenkbuch des Bundesarchivs für die Opfer der nationalsozialistischen Judenverfolgung in Deutschland (1933-1945)" nach Hinweisen auf „Reichsdeutsche Juden" und stießen auf eine Familie Steinhardt mit der Tochter Marga, die 1941 von Witzenhausen nach Riga deportiert wurde. Auf die Anfrage bei der Stadtverwaltung Witzenhausen im Januar 2007 bekamen wir die Mitteilung, Marga Griesbach lebe in den USA. Die von der Verwaltung angegebene Adresse erwies sich als falsch. Unser Brief kam zurück. Dann besorgte uns Anfang Februar 2007 Peter Abram Zuckerman die richtige Adresse. Wir riefen Marga Griesbach an und erhielten schon wenige Tage später erste Dokumente und ihren von 2003 bis 2005 verfassten Lebensbericht „Growing up Jewish in Hitler's Germany".

Nachdem die Region Hannover bereit war, das Buch in der Schriftenreihe der Mahn- und Gedenkstätte Ahlem zu verlegen, haben Adelheid Mall und Brigitte Diefenbacher im Mai 2007 mit der Übersetzung begonnen, die in ständigem Kontakt mit Marga Griesbach entstand.

Marga Griesbach besuchte uns zum ersten Mal im Sommer 2008. Neben dem Platz, an dem das Lager stand, besuchte sie natürlich auch die Stelle auf dem Reutlinger Friedhof, an dem die Asche ihres Vaters liegt.

Dass dort keine Namen zu finden sind, empörte sie ebenso wie die Angehörigen von Alfred Wald, Barend Koekkoek und Samuel Soesan.

Am 1.2.2010 schrieb sie an die Reutlinger Oberbürgermeisterin Barbara Bosch:

„Sehr geehrte Frau Oberbürgermeisterin, ich wusste bereits seit vielen Jahren, dass mein Vater in einem Lager in Hailfingen/Tailfingen in 1944 starb. 2007 setzte sich Herr Volker Mall aus Herrenberg mit mir

Marga Griebach am Mahnmal im Reutlinger Friedhof

in Verbindung, und ich erfuhr, auf welche Art mein Vater damals ums Leben gekommen ist. 2008 besuchte ich die Gegend, um das Gelände zu besichtigen und um all die lieben Menschen kennenzulernen, die sich seit vielen Jahren mit der Erforschung dieses Lagers beschäftigen.

Zu meiner großen Überraschung erfuhr ich, dass die Asche meines Vaters mit der von anderen Häftlingen auf dem Friedhof in Reutlingen bestattet wurde. Es war ein überwältigendes Gefühl, nach so vielen Jahren der Ungewissheit an dem Grabe meines Vaters zu stehen. Ich wollte natürlich sofort einen Grabstein anfertigen lassen. Man teilte mir jedoch mit, dass man sich seit einigen Jahren darum bemüht, eine Gedenktafel mit den Namen aller dort begrabenen Menschen zu errichten. Ich fand das natürlich angebrachter, denn diese Menschen sind ja dort zusammen begraben. Wie sie wissen, ist das bisher noch nicht geschehen.

Man erzählte mir, dass sich gewisse Personen seit Jahrzehnten aus verschiedenen Gründen dagegen wehrten. Ich finde das einfach unverständlich, besonders wenn man bedenkt, dass 1944 Menschen in Reutlingen es wagten, diese jüdischen Häftlinge im Tode zu ehren, indem man ihre Asche auf dem Friedhof begrub. Es wäre eher im Sinne der damaligen Regierung gewesen, die Asche auf einen Mist-haufen zu werfen. Diese Reutlinger waren anständige, tapfere Menschen. Man kann es ihnen nicht hoch genug anerkennen. Die Stadt kann stolz auf diese Menschen sein.

Ich bin nun 82 Jahre alt. Im Juni habe ich vor, noch einmal nach Herrenberg zu reisen. Ich bitte Sie von Herzen, bis dahin endlich die Namenstafel zu errichten, oder vielleicht kann es Anfang Juni geschehen, wenn ich dort bin. Falls es wieder aufgeschoben oder sogar aufgehoben wird, habe ich fest vor, selbst einen Grabstein für meinen Vater zu bestellen.

Er war ein wunderbarer, hoch anständiger Mensch und verdient es, dass sein Name nicht vergessen wird. In vielen Orten in Deutschland werden jetzt vor den Häusern, wo deutsche Juden wohnten, sogenannte Stolpersteine gelegt. Da sollte es doch möglich sein, eine Namenstafel an einem Grab zu errichten!

Ich wäre Ihnen sehr dankbar, wenn Sie das endlich erreichen könnten."

Marga Griesbach war anlässlich der Eröffnung der Gedenkstätte im Juli 2010 eine knappe Woche unser Gast. Und sie erlebte mit Genugtuung die Einweihung der Namenstafel auf dem Reutlinger Friedhof.

Im Sommer 2008 kam sie zu Besuch ins Gäu. Bernhard Koch machte Filmaufnahmen mit ihr und Ruth Gröne zu seinem Film „Das KZ-Außenlager Hailfingen/Tailfingen".

Izak Suraskis Lebensgefährtin Christina Müller

Wir hatten herausgefunden, dass Izak Suraski schließlich im Theresienbad gelandet war. Der Leiter schrieb am 1.1.2017:

„So kann ich Ihnen auf Ihre Anfrage mitteilen, dass Herr Suraski seinerzeit eine Lebensgefährtin hatte, deren Adresse wie folgt lautet: Christina Müller, Karwendelstraße 11, 82061 Neuried. Zuvor lebte er nach unseren Unterlagen in der Tristanstraße in München. …

Thomas Söldner Kreisseniorenheim Theresienbad 86926 Greifenberg"

Wir schrieben Christina Müller und luden sie ein. Sie schrieb uns im Januar 2017 und erzählte Suraskis Geschichte.

Jay und Lee Szkolnik 2014

Abraham Szkolniks Enkel Lee und Jay[45]

„Auch der Vater von Lee und Jay Szkolnik wollte über die Vergangenheit nicht reden. ´Bis wir hierher kamen, wussten wir gar nicht so genau, was unser Großvater durchlebt hat. Das wurde unter den Teppich gekehrt´, berichten die Brüder aus Melbourne. …

Nachdem er seine Frau Sonja in Feldafing geheiratet hatte, wanderte Abraham Szkolnik zu seinen Eltern nach Australien aus, wo er im Umfeld vieler Holocaust-Überlebender lebte und eine Lunch Bar eröffnete.

---

45 Foto © J. Kuhn

´Er war ein sehr guter Mensch´, berichten Jay und Lee Szkolnik einstimmig. ´Aufgrund seiner Vergangenheit war er ein gequälter Mann: In Auschwitz musste er Leichen in die Öfen schaufeln. Dennoch konnte er sehr glücklich sein, erzählt der 40-jährige Jay Szkolnik. Die schönsten Momente habe er mit der Familie verbracht. Der Enkel hebt ein Bild in die Höhe: ´Das ist mein Großvater mit meinem ersten Kind. Das war eine große Sache. Man kann wahre Freude in seinen Augen sehen.´
Um noch mehr über den vor einem Jahr verstorbenen Abraham Szkolnik zu erfahren, kamen die Brüder nun nach Tailfingen. ´Wir fühlen einen starken Bezug zu dieser Region hier´, berichtet Lee Szkolnik. ´Man spürt in der Luft, dass hier etwas Schlimmes in der Vergangenheit geschah. Wir waren noch nie in Deutschland. Das war ein großer Schritt und es lief mir kalt den Rücken hinunter, als wir ankamen.´
Ob der Großvater wohl stolz wäre, wenn er seine beiden Enkel nun in Tailfingen sehen könnte? ´Was für eine dumme Frage!´, antwortet Jay Szkolnik. ´Drei Buchstaben: Y-E-S!´" (Gäubote November 2014)

Jonah Tenenbaums Neffe Steven Tenenbaum

Wir haben mit Nancy Lefenfelds Hilfe im Dezember 2013 Jonah Tenenbaums Neffen Steven in Newtown bei Danbury (Connecticut) gefunden.
Steven Tenenbaum, geboren 1954 in Brooklyn, ist der Sohn von Pesach/Paul Tenenbaum und Sarah/Sally. Seine Mutter überlebte das Ghetto von Busk (heute Ukraine). Steven heiratete 1984 Michelle, die Urenkelin polnisch-russischer Juden. Sie ist Musiklehrerin an der örtlichen middle school.
Er schrieb:
„August 3, 2014
Dear Volker:
I look forward to joining you on November 19. I also plan to revisit Vaihingen an der Enz where I can honor my Uncle in the cemetery in recognition of the 70 year anniversary of his death - February 13, 1945. Thanks again for all your hard work in documenting and remembering the past, so all of us can learn and be better for it. Steven Tenenbaum, MD"
Und:
„August 15, 2014. Volker:
The biographical information is correct. I live in Newtown, CT (near Danbury).
I am continuing to find out more specifics about Jonah's journey and will continue to research.
Thanks again, Steven"
2017 kam er mit seiner Frau Michelle ins Gäu.

Norbert Tugendhat/Claudia und Bernhard Gollan

Die Adresse von Claudia Gollan bekamen wir von Herrn Winfried Vogt aus Aalen, der über Bruno Tugendhat geforscht hat. (Otto) Norbert (Julius) Tugendhat, Bruno Tugendhats Sohn aus erster Ehe ist ihr Stiefonkel. Sie kam mit ihrem Mann zum Jubiläum.

Michael Umansky/Ruth Gröne

Von Michael Umansky wussten wir bis 2008 fast nur das, was in „Spuren von Auschwitz ins Gäu" geschrieben stand (S. 222). Ruth Gröne, deren Vater Erich Kleeberg am 5.2.1945 nach Neuengamme gebracht wurde und im April 1945 in Sandbostel bei Bremervörde starb[46], schrieb uns im September 2008, nachdem sie in Ahlem auf Marga Griesbachs Büchlein gestoßen war:
„Erst durch die Broschüre von Marga Griesbach und die darin veröffentlichten Dokumente weiß ich nun, wann und wo genau Herr Umansky umgekommen ist."
Sie schrieb uns dann, was sie über Michael Umansky wusste. In dieser Form fand das Eingang in das Porträt Umansky im Gedenkbuch „Jeder Mensch hat einen Namen" S. 237 ff.)
Ruth Gröne übernahm die Patenschaft für den Stolperstein, der vor dem Wohnhaus in Hannover in der Podbielskistraße 274 verlegt wurde. Sie besuchte uns bei der Einweihung der Gedenkstätte 2010.

---

46 vgl. dazu: Matthias Horndasch/Ruth Gröne: Spuren meines Vaters, Schriftenreihe der Mahn- und Gedenkstätte Ahlem, Bd. 5, Hannover 2005

Alfred Walds Sohn Robert Wald und sein Halbbruder Patrick Uitz

Robert Wald (Montpellier), der Sohn von Alfred Wald, und sein Halbbruder Patrick Uitz (Wiesbaden), meldeten sich Ende 2007 bei uns und erkundigten sich nach Alfred Wald. Doris, die Frau von Patrick, hatte den Namen Alfred Wald in Serge Klarsfelds Buch[47] gelesen. Nach einer Anfrage in Stutthof stießen sie dann über die Dokumentation „Spuren von Auschwitz ins Gäu" auf uns.

Das Secrétariat du Cercle de Généalogie Juive in Besançon hatte ihnen nach ihrer Anfrage im Oktober 2007 mitgeteilt, bei Serge Klarsfeld stünde, Alfred Wald, geboren am 2.3.1903, sei im Konvoi 71 von Drancy am 31.3.1944 nach Auschwitz abtransportiert worden. Es gäbe außerdem einen ausführlichen Vermerk auf der Internetseite von Yad Vashem. Quelle sei das *Dokumentationsarchiv des österreichischen Widerstandes*. Gestorben sei Alfred Wald im Lager Hailfingen. Dieses Dokument scheine „indiscutable" (unbestreitbar). Dem widersprach ein Dokument des „Tribunal Civil de l'Arondissement de Nice" vom 20.11.1947, eine Art „Todesmeldung", die wohl gemacht wurde, da Alfred Walds Frau Edouard Uitz heiraten wollte. Dort heißt es, Alfred Wald sei am 26.10.1944 von Auschwitz nach Buchenwald deportiert und von dort in das KZ Langenstein (KZ Langenstein-Zwieberge, Außenlagers des KZ Buchenwald) gekommen, wo er gestorben sei.

Wir konnten den beiden nun mitteilen, dass Alfred Wald tatsächlich am 14.12.1944 im KZ Außenlager Hailfingen/Tailfingen gestorben ist und am 18.12.1944 im Krematorium Friedhof *Unter den Linden* Reutlingen eingeäschert wurde. Und sie erhielten Kopien der vorhandenen Dokumente.

Robert Wald und Patrick Uitz besuchten uns im Sommer 2008. Wir verbrachten einen sehr schönen Abend zusammen und hatten sehr schnell das Gefühl, als ob wir uns schon lange kennen würden. Amüsant war, wie die beiden gegensätzlichen Brüder miteinander umgingen:

Robert, der Sozialist und Patrick, der Kapitalist. (Er hatte die Alleinvertretung für Lewis-Jeans und fuhr einen noblen Porsche).

Zur Eröffnung der Gedenkstätte kamen beide, Patrick Uitz mit seiner Tochter Katja Riedel.

In seinem Rückblick auf den Besuch schrieb Robert: *Le voyage du souvenir*

„Ich bin zusammen mit meinem Bruder von Birgit Kipfer, SPD-Abgeordnete im Landtag von Baden-Württemberg, von Harald Roth und Volker Mall, Lehrer und Historiker der Shoah, eingeladen worden, das Arbeits- und Konzentrationslager von Hailfingen kennenzulernen, wo mein Vater am 14. Dezember 1944 den Tod gefunden hat. ...

Zwei Jahre sind vergangen. Patrick, mein Bruder, Katia, meine Nichte und ich selbst folgen der Einladung der Organisatoren, dieser wenigen Gerechten und ihres Vereins „Gegen Vergessen-Für Demokratie". Dank ihres energischen Willens wird das Versprechen eingelöst, einen Ort der Erinnerung zu gestalten. Es ist eine Wiedergeburt, die weit über meine Erwartungen hinausgeht.

Mordechai Ciechanower kommt aus Israel. Sam Baron, seine Frau Tova und sein Sohn Eric kommen aus Iowa und aus Kalifornien. Israel Arbeiter aus Boston. Aus Nizza sind Mathilde und Alain, die Witwe und der Sohn von Eric Breuer gekommen, der 2004 gestorben ist. Aber auch die Kinder von Benjamin de Wolf aus Amsterdam sind da. Anwesend ist auch die Tochter von Max Steinhardt. Es ist ein seltsames Ballett von zerstörten Menschen, von lebendigen Toten, die wie aus dem Nichts zurückgekommen sind. Sie leben, sie sind unsterblich. Sie sind hier, um Zeugnis abzulegen. Es sind Götter.

Maurice Minkowski und seine Gattin Marcelle, die ich in Paris mit Simon getroffen habe, weisen heute noch die Ehre zurück, die man ihnen erweist. Sie werden nie wieder nach Deutschland zurückkehren.

Diese müden Männer begegnen sich wieder, für einige nach 65 Jahren des Schweigens. Ich bin der ergriffene Zeuge ihres Wiedersehens. Mordechai erkennt Simon wieder. Sie waren damals 20 Jahre alt. Ihre alten Hände halten sich. Ihre Augen sind zart und verschleiert von Tränen. Aus ihren zugeschnürten Kehlen kommen einige jiddische Wörter. Sie haben gelitten, viel ausgehalten. Sie sind der Hölle entkommen. Heute umarmen sie sich. Sie haben nichts vergessen. Plötzlich halten sie einander fest, wie sie es früher im Lager getan haben, um zu überleben. Mit langsamen Schritten entfernen sie sich, um einfach

---

47 Klarsfeld, Serge: Nice, Hotel Excelsior, Les rafles des Juifs par la Gestapo à partir du 8 septembre 1943: LES TRANSFERTS DE JUIFS DE LA RÉGION (ID: 32546) USHMM

allein zu sein. Sie haben sich eine lange Geschichte zu erzählen. Ich hätte es so gerne gehabt, dass mein Vater hier bei ihnen wäre. Da sind sie auf dieser verfluchten Erde. Um sie herum hat das hügelige, ewige Land die Farbe gewechselt. Das Grau ist grün geworden. An diesem Sommeranfang biegt sich das Korn im Winde, das gleiche wie damals. Nur die Luft ist leichter. ...

Wir sind in Herrenberg. Man stellt uns Peter und Martina Palagyi vor. Sie werden uns während unseres Aufenthaltes betreuen. Eine richtige Freundschaft wird sich zwischen uns entwickeln. Die Ausstellung in Tailfingen ist sowohl wunderbar als auch ergreifend. Sie wurde erstellt, um zu überdauern. Sie wird lange überdauern. Sie wird den jungen Leuten aus den Schulklassen und ihren Eltern, sowie auch allen Besuchern in einer modernen Sprache die Geschichte der zerbrochenen Leben und der verlorenen Träume erzählen. Unsere Gastgeber sind diskret und aufmerksam. Ihre Blicke sind sanft. Sie gehören zu uns. ...

Vormittags Rückfahrt nach Tailfingen. Mehr als tausend Leute sind in der Tailfinger Bürgerhalle versammelt. In einer Ecke des Podiums beobachten Volker und Harald die Versammlung. Ich sehe in diesem Moment ihre kaum verborgene Freude. Sie haben mit Erfolg gegen heftigen Widerstand gekämpft, sie haben die Reise der Erinnerung ermöglicht. Es ist der Moment der Reden. Minister und Abgeordnete ergreifen das Wort. Sie sprechen von der Bedeutung des Gedenkens. Die bewegendste Erinnerung ist die von Israel Arbeiter. Er war 14 Jahre alt. Er war der jüngste Häftling im Lager. Außerdem ein Beitrag von Christine Glauning, die aus Berlin gekommen ist, um über die Geschichte der Shoah zu sprechen. ...

Vor dem Mahnmal große weiße Sonnenzelte, unter denen die Ehrengäste, die wir sind, Platz nehmen. Es ist die Stunde der Reden, der Gebete. Der mächtige, ganz in schwarz gekleidete Rabbiner beeindruckt mich. Er betet und wiederholt seinen tiefen Schmerz. Mordechai Ciechanower schützt sich vor der Sonne, sein Käppi fest auf dem Kopf, er singt alte jiddische Lieder. Eine Geige und eine Gitarre begleiten ihn. Nach und nach vergeht der Nachmittag, die Sonne wird schwächer. Einige Gewitterwolken tauchen am Himmel auf. Das Licht wird weicher. Unsere Toten ruhen in Frieden. Die Stille ist nach Hailfingen zurückgekehrt. Das Versprechen wurde eingehalten. Volker, Harald und Birgit ist es gelungen, die lokalen und regionalen Behörden zu „bewegen", das große Treffen des Gedenkens mit zu gestalten. Dafür sei ihnen von ganzem Herzen gedankt.

Montag, 7. Juni 2010

Am späten Vormittag auf dem Friedhof *Unter den Linden* in Reutlingen. Sie glänzt, die neue, jetzt gelegte Erinnerungstafel. Sie ehrt 127 Juden, deren Asche hier liegt und deren schöne Namen jetzt eingraviert sind. Mein Vater ist unter ihnen. Eine Geige und eine Gitarre begleiten ergreifende Klagelieder. Die Toten lieben Musik. Sie erinnert sie an ihre verlorene Jugend. An diesem Tag konnte ich nicht reden. Wenn ich es gekonnt hätte, hätte ich mich am mit Blumen geschmückten Grab nach den Reden der Bürgermeisterin an meine Mutter gewandt, um ihr zu sagen: „Mama, ich bin bei ihm, jetzt sind wir zusammen. Papa hat seinen Platz im Universum gefunden, er hat wieder seinen Namen. Ich habe die Augen geschlossen, und plötzlich haben geheime Kräfte die Wälder durchlaufen, die Flüsse übersprungen, die Wege überwältigt, um bis zu dir zu kommen, an dein Bett, an dein Grab, um dich den zarten Kuss deines wiedergefundenen Geliebten spüren zu lassen. Dein Leben lang hast du ihn so vermisst. Heute bin ich hier dank einiger Gerechter. Ich strecke meine beiden Arme aus. Von Lattes (Montpellier) in Frankreich bis Reutlingen in Deutschland spüre ich euch, ihr lebt wieder in mir. Wir sind wieder alle drei vereint." (Übersetzung: Caroline Gabbe und Ingeborg Hiort-Freymüller)

2011 besuchten wir Robert in Montpellier und Patrick Uitz in Wiesbaden.
2014 kamen beide ein letztes Mal zu uns. Sie übernachteten auf der Weitenburg. Patrick lud uns dort zum Essen ein. Er hatte dazu das ganze Nebenzimmer reserviert, um Pfeife rauchen zu können. Er war psychisch sehr angeschlagen und blieb den ganzen Tag auf seinem Hotelzimmer. Die geplante Stadtführung Tübingen fand deshalb allein eine mit Robert Wald statt.
Patrick Uitz ist im Dezember 2022 gestorben. Robert Wald und Patrick Uitz´ Frau Doris kamen mit Familien im Juni 2025 ins Gäu.

Bernard Webers Sohn Leonard und Tochter Gisela Löffler

Bernhard Weber lebte nach dem Krieg einige Jahre in Vaihingen, wo er eine Vaihinger Bürgerstochter (Irma Walter) heiratete, mit der er drei Kinder hat. Die Familie zog dann nach Stuttgart, wo sie ein Lebensmittelgeschäft am Marienplatz betrieb. Der Sohn Leonard Weber wohnte ebenfalls in Stuttgart, die Tochter Gisela Löffler in Herrenberg, eine zweite Tochter in den Niederlanden. Anfang 2014 wohnte das Ehepaar Weber in Stuttgart-Möhringen in einer altersgerechten Wohnung. Sohn Leonard und Tochter Gisela hatten wir gefunden. Sie lehnten einen Kontakt ab. Mordechai Ciechanower versuchte bei seinem Besuch im Gäu Anfang 2014 einen Kontakt mit Bernard Weber herzustellen und hat mit ihm, seiner Frau und seiner Tochter kurz telefoniert. Am 22.2.2015 ist Bernard Weber gestorben.

Heinz Wertheims Jacke

Heinz Wertheim/Erika Klanke[48]

Erika Klanke war mit Hella Wertheim geb. Sass befreundet. Sie schickte uns Informationen und hat 2014 die Häftlingsjacke von Heinz Wertheim der Gedenkstätte Hailfingen/Tailfingen als Leihgabe zur Verfügung gestellt, die seither in einer Vitrine im Dokuraum hängt. Und sie erzählte von Michael Wieck, mit dem wir uns dann in Verbindung setzten und der sich an Hella Sass erinnerte. Wir bekamen seine Adresse von Mini Schulz, dessen Frau mit Wiecks Tochter im Orchester spielte und schrieb 2020 seiner Frau. Sie antwortete:

„Michael Wieck erinnert sich an Sie. Er hatte auch noch mit Hella Kontakt bis zu ihrem Tod. Gerne können Sie bei uns anrufen. ... Miriam Wieck"

Michael Wieck war Erster Konzertmeister des Stuttgarter Kammerorchesters unter dem Dirigenten Karl Münchinger und von 1974 bis zur Pensionierung 1992 Erster Geiger im Radio-Symphonie-Orchester Stuttgart. Er ist 2021 gestorben.

„Michael Wieck entstammt aus einer Dynastie Wieck, die christlichen Glaubens war und ist. Er ist ein sog. Geltungsjude und fühlte sich auch immer als ein solcher. Sein Vater, Kurt Wieck aus Berlin, geb. 1880, heiratete die Jüdin Hedwig Hulisch, geb. 1888. Beide waren begründende Musiker im Königsberger Streichquartett. Die Kinder wurden getauft, sind also nach außen Christen. …

Hedwig erzog ihre zwei Kinder Miriam und Michael im jüdischen Glauben. Da Michael Wieck in der Grundschule eine nationalsozialistische Lehrerin hatte, die ihn als kleinen Jungen schon demütigte, gaben die Wiecks ihn in die jüdische Schule. Dort war er mit Hella Wertheim, geb. Sass in einer Klasse.

… In den 30-igern und auch Anfang 40-iger konnte Kurt Wieck seine Familie schützen. Dann musste irgendwann Michael für seine Familie denken und handeln. Es ging nach der Zerstörung Königsbergs gen Westen.

Hella sagte immer, dass Michael Wieck ein wenig in sie verliebt war. Sollte Michael Wieck eines Tages die Augen schließen, geben Sie mir bitte Nachricht. Er ist mit Nechama Drober der letzte lebende Klassenkamerad von Hella Sass. Erika Klanke 13. Mai 2020"

Bernard Wolfs Tochter Rebecca Wolf

Anfang August 2012 meldete sich Anat Harel vom Jewish Historical Museum Amsterdam: „Können Sie bestätigen, dass Bernard Wolf (* Rotterdam, 30 december 1909) einer der Haftlinge in KZ

---

48 Foto © Mall

Hailfingen gewesen ist, und dass er da verstorben ist? Ich fand die „Geschichte des KZ" online und glaube, dass er auch zu das Auschwitz-Natzweiler-Hailfingen Transport gehörte. Seine Tochter hat erst jetzt erfahren, dass ihr Vater nicht – wie sie immer dachte – in Auschwitz verstorben ist, aber wahrscheinlich in Hailfingen. Sie möchte die Gedenkstätte besuchen, aber sie ist behindert und will erst sicher davon sein, dass Bernard Wolf in Hailfingen verstorben ist."

Bernard Wolf taucht in unseren Unterlagen nur einmal auf: Wir haben nur den Eintrag im Nummernbuch (mit dem etwas anderen Geburtsdatum: 13.12. statt 30.12.): "41 008/ Holl. /Wolf, Bernard/ 13.12.1909." Im Joods Digital Monument hatten wir diese Information gefunden: „Bernard Wolf, Rotterdam, 30 December 1909, died 30 April 1945 – Wife has survived the war. Three children living with their parents survived the war."

Wir hatten 2010 Joop Koekkoek die Liste der Häftlinge aus den Niederlanden geschickt mit der Bitte, nach Angehörigen zu suchen. Er teilte uns mit, er habe Verwandte von Benjamin Magnus gefunden, die Kontakt mit uns aufnehmen wollten. Außerdem hatte er zudem die in Barendrecht (Südholland) wohnende Rebecca Wolf, die Tochter von Bernard Wolf, gefunden und ihr mitgeteilt, ihr Vater sei wie sein Vater in Hailfingen gewesen und dort gestorben. Rebecca und ihr Bruder sind die einzigen Überlebenden der Familie Wolf.

Marjolijn de Loos stellte einen Kontakt her und brachte Rebecca Wolf in Oktober 2013 zu uns. Sie schrieb dann:

„Liebe Volker,

Sehr vielen Dank für Ihren herzlichen Empfang! Wir hatten ein bisonders Wochenende bei Ihnen. Zurück im Auto war es sehr still. Dann fangte Rebecca schrecklich zu weinen. Sie hat jetzt sehr viel zu überdenken. Gestern Abend sind Sie noch bei uns geblieben. Jetzt bringt Hans die beiden nach Hause. ... Herzlichen Grüssen, auch für Harald und Andreas,

Marjolijn"

Und Rebecca Wolf:

„Lieve Volker en Harald, ik wil jullie nogmaals bedanken voor al het mooie werk dat jullie doen voor de mensen. Door jullie weet ik toch hoe het met mijn vader is afgelopen, niet voor honderd procent, maar wel bij jullie in de omgeving. Ik heb wat stenen meegenomen van het vliegveld en dat ligt nu in de tuin. Heb ik toch iets van zijn leven.

Heel veel dank, lieve groeten Rebecca.

17.10.2013

Ich möchte Ihnen noch einmal für die wunderbare Arbeit danken, die Sie für die Menschen leisten. Dank dir weiß ich, wie es meinem Vater ergangen ist, nicht hundertprozentig, aber ungefähr. Ich habe ein paar Steine vom Flughafen mitgebracht und sie liegen jetzt im Garten. Dann habe ich etwas von seinem Leben.

Michael Wasserman/Jon d´Allesandro,

ein Freund von Israel Arbeiter fand 2013 Michael Wasserman und seine Schwester in Boston. Er schrieb mir:

„Thank you so much for sharing this information. It's remarkable that you have it. My sister and I are very grateful. A note about my mother. She was also a Polish Jew from the town of Mezrich. She and her family were sent to Maidanek. There her mother and brother were killed. My mother, her sister, and her father were sent to Auschwitz. My mother was the only member of the family to survive. The dates of my parents' deaths are correct. However, my mother died in Boston. She had been ill for quite some time so we moved her from Florida to Boston so that we could care for her.

We have virtually no documents that relate to either of my parents. My mother also did an interview for the Shoah Project. Thank you for your gracious invitation to visit. I don't know when that might be possible but my sister and I appreciate the offer.

Again, my sincere thanks for sharing your research.

Best Regards,

Michael"

Griechische Zwangsarbeiter

Eduard Rock-Tabarowski

Monika Walther-Becker hat Eduard Rock-Tabarowski 1975 befragt.[49] Später war er ein wichtiger Zeuge für den Gäufeldener Bürgermeister Hermann Wolf, der allerdings versuchte, ihn zu instrumentalisieren. Durch „Berichtigungen" sollte er nachweisen, dass Monika Walther-Beckers Arbeit fehlerhaft ist. Wohl um zu zeigen, dass alles anders und halb so schlimm war.

Schließlich befragte ihn Dorothee Wein 2005 für „Spuren von Auschwitz ins Gäu".

Nach langem Zögern war er dann im März 2008 bereit zu einem sehr ausführlichen Interview mit Johannes Kuhn und mir, zum ersten Mal musste dabei sein Name nicht anonymisiert werden. Erst Nikos Skaltsas Aussage erklärte das seltsame Verhalten. Theodoros Adamakopoulos schrieb uns 2018: „When I visited Mr Skaltsas I asked him a few questions about Tabarowski and he told me that he spoke German and Armenian and during their stay in Hailifingen he was not sleeping and eating with the other Greeks. Also Mr Skaltsas told me that he was wearing short boots with high socks, german riding trousers and a jacket in contrast with the other Greeks that ´were dressed like Ghandi´ according to his exact words. We know from other surviving Greeks that in other camps for example Dachau etc the interpreters had additional privileges. Also I remember that when I was young, the words ´interpreter for the Germans was almost equivalent to the words collaborator, informer or even traitor, … Maybe Tabarowski decided to stay in Germany because he was an interpreter and he was afraid of retaliations."

Eduard Rock-Tabarowski ist am 5.9.2013 gestorben.

Nikolaos Skaltsas

Iasonas Chandrinos hatte Nikos Skaltsas ca. 2016 gefunden. Vermittelt durch Popi (Calliope) Arapinis, eine in Athen lebende Bekannte von Skaltsas, luden wir ihn ein. Er war dann vom 8. bis 14. Juli 2018 mit seinem Sohn Georgios im Gäu. Im Juni 2019 ist er gestorben.

Nikolaos Skaltsas´ Sohn

Skaltsas Sohn kam 2022 zur Einweihung der Gedenkmauer.

Adamakopoulos´ Sohn Theodoros

kam 2018 und 2022.

Ioannis Sachpelaglous Tochter Eleni[50]

kam zusammen mit ihrem Sohn, ihrem Neffen und dessen Freundin am 3.2.2025 ins Gäu. Manfred Krzok, Johannes Kuhn und Volker Mall fuhren mit ihnen nach Beizkofen. Karl Kettnaker (91) kam mit seiner Frau dazu und zeigte uns die Überreste der Baracke, in der Sachpelaglou mit 200 griechischen Zwangsarbeitern vom 1.12.1944 bis Mai 1945 untergebracht war. Danach wurde u.a. die Gedenkmauer bei Tailfingen besichtigt.

---

49 Monika Walther-Becker: Das Lager Hailfingen, in: Vorländer, Herwart (Hrsg.), Nationalsozialistische Konzentrationslager im Dienst der totalen Kriegsführung. Sieben württembergische Außenkommandos der Konzentrationslagers Natzweiler/Elsaß, Stuttgart 1978.
50 Foto © J. Kuhn

Varia

Nancy Lefenfeld

Nancy Lefenfeld vermittelte uns viele Kontakte: Lazowins Nichte Mara Vekhnis, Sam Baron, Jakob Fliegelmanns Frau, Joseph Grebers Frau, Morris Pelcmans Frau, Henry Ramek, Rameks Sohn Joseph, Josef Szajman und Sohn Barry Szajman, Marion Kornblit, David Taitelbaum, Steven Tenenbaum, Irving Wasserman und Sohn Michael.

Sie schickte uns 2013 ihr Buch *The Fate of Others – Rescuing Jewish Children on the French-Swiss Border* (Clarksville 2013). Beim Jubiläum 2015 stellte sie ihr Buch vor.

Ihre Vorfahren Fuld stammen aus Büdingen. Volker Mall vermittelte ihr den Kontakt zur dortigen Geschichtswerkstatt und schickte ihr Unterlagen zur Geschichte der dortigen jüdischen Gemeinde.

Seit 2015 ist sie Ehrenmitglied unseres Vereins.

Gideon Greif

Gideon Greif stammt aus einer deutschen jüdischen Familie. Sein Großvater, der Internist Karl Danziger, war Häftling in Buchenwald und konnte das Lager im letzten Moment verlassen. Die Schwester seiner Großmutter, Gertrude Goldmann, wurde in Auschwitz ermordet. Gideon Greif kam 1951 in Tel Aviv zur Welt, wo er aufwuchs und „Jüdische Geschichte" studierte. 2001 promovierte er an der Universität Wien über „Moderne Geschichte". Er arbeitete in der Knesset, dem israelischen Parlament, und zwischen 1983 und 2009 bei Yad Vashem. Bahnbrechendes leistete er mit seiner Forschungsarbeit zum Auschwitzer „Sonderkommando".

Gideon Greif war mehrfach im Gäu. Einmal wohnte er eine Woche bei uns in Haslach.

Nadine Dürr befragte ihn für den Gäubote:

Herr Greif, Sie sind nun eine Woche lang in Tailfingen zu Besuch. Was führt Sie hier her?

Gideon Greif: Ich bin schon zum siebten Mal in Baden-Württemberg zu Gast, diesmal auf Einladung Birgit Kipfers vom Verein „Gegen Vergessen – Für Demokratie". Ich werde hauptsächlich Bildungsarbeit und pädagogische Arbeit machen. Das ist mir sehr wichtig. 17 Schulen besuche ich im Laufe der Woche, jeden Tag mindestens zwei. Am Donnerstag spreche ich mit Schülern in der Herrenberger Jerg-Ratgeb-Schule und am Freitagabend halte ich einen Vortrag in der Herrenberger Volkshochschule zum Thema „Funktionshäftlinge".

Gibt es ein wissenschaftliches Interesse, das Sie in Tailfingen verfolgen? Führen Sie hier Recherchen durch?

Ich habe für die Gedenkstätte einige Interviews und Recherchen in Israel mit überlebenden Häftlingen gemacht. Mit ihnen zu sprechen wird bald nicht mehr möglich sein. … Die Tailfinger Gedenkstätte habe ich außerdem mit einigen wissenschaftlichen Informationen versorgt, jahrelang mitgearbeitet und Texte aus dem Hebräischen übersetzt. Das habe ich getan, weil es hier drei Menschen gibt – Birgit Kipfer, Volker Mall und Harald Roth –, die so engagiert sind und eine gute Arbeit machen. Das ist die schöne Seite Deutschlands! "

Amir Haskel

Amir Haskel (Ex-Brigadier General der israelischen Luftwaffe) haben wir kennen gelernt, als er und seine Frau Aliza Mordechai Ciechanower beim Besuch der Gedenkfeier im Sommer 2015 begleitet haben. Er war mehrfach Mordechais Begleiter, wenn israelische Soldaten Auschwitz besuchten. Er hat in Israel für uns recherchiert. Er fand die Enkel von Ignac Klein, Yael Kilim und Gil Keren und später die Töchter von Natan Rudominer.

„I was born in 1953, am married to Aliza, have four children. I have been living in Yavne, Israel since 1983. On August 31, 2003, I retired from the IDF after 32 years of service in the Air Force. My professional training is as a transportation pilot. During my service I commanded two squadrons and two Air Force bases."

Haskel is one of the prominent figures in the ongoing wave of protests against Benjamin Netanyahu. (wikipedia)

Er schickte mir sein Buch *The Warden of Block 11*.[51] . Dieser „Warden" begegnete mir wieder bei der Übersetzung von Alex Sofers Lebensbericht *Krynki-Auschwitz-Hailfingen*.[52] Es ist Yakov Kozalchik, der Alex Sofer das Leben rettete.

Zvi Golany

Zvi Golany haben wir bei seinem Besuch der Wüstelager kennengelernt. Damals wohnte er in Brüssel Wir haben für ihn nach den Aufenthalten seines Vaters, Großvaters und Großonkels nach der Befreiung in Altshausen gesucht.

„Während der letzten Kriegsjahre war mein Vater – Chaim (oder Haim) LEVIN (oder LEWIN) (geboren in Vilnius in 1929) – ein Häftling des Konzentrationslagers Dautmergen. 1965 kam er aus Israel als Zeuge der Anklage im Schwurgericht in Hechingen im Prozess gegen Franz Johann Hofmann (übergeordneter Lagerleiter im KZ Dautmergen) und andere. … Mein Großvater Moshe LEVIN (oder LEWIN) und der Bruder des Großvaters Yehezkel LEVIN (oder LEWIN) waren auch Häftlinge in Dautmergen. Sie waren alle drei auf dem Todesmarsch von Dautmergen und wurden in Altshausen befreit."

Er hat für uns Rucilla Cygler, die Schwester von Abraham Silberberg gefunden und im Dezember 2013 nach Abraham Fajngold und seinen Angehörigen gesucht: „My contacts in Belgium checked their records and Abraham Fajngold was indeed in Belgium during the occupation. On December 16th 1940 he registered himself in the Jewish Register. I will probably be able to obtain a copy of this document (© State Archives, Brussels). Unfortunately, they then lose all trace of him."

Auf die Bitte des Stutthof-Anwalts Thomas Walther gab er diesem im Juni 2021 die Adresse seines Vaters in Israel, damit er ihn fragen konnte, ob er als Nebenkläger auftreten könnte.

Iasonas Chandrinos

Iasonas Chandrinos war in Athen Student bei Hagen Fleischer, den wir vor einigen Jahren kennengelernt haben. So entstand der Kontakt, und es entwickelte sich eine erfreuliche Zusammenarbeit.

Iason Chandrinos verfasste seine Habilitation am Lehrstuhl für Europäische Geschichte (19. und 20. Jahrhundert) an der Universität Regensburg zum Thema „Griechische KZ-Häftlinge und Zwangsarbeiter 1941–1945. Eine unbekannte nationale Opfergruppe während der NS-Zeit". 2022 veröffentlichten wir Chandrinos/Mall: *„Wir waren Menschen zweiter Klasse"- Die Geschichte der 1040 im Sommer 1944 von Athen nach Deutschland deportierten Griechen*.[53]

Er vermittelte die Kontakte zu Nikos Skaltsas und Angehörigen der griechischen Zwangsarbeiter.

---

51 CreateSpace Independent Publishing Platform, 2018
52 Volker Mall: Krynki-Auschwitz-Hailfingen, Norderstedt 2023
53 2´, Norderstedt 2023"

Bildnachweis

Henry Bily 11; DAVCC Caen 17; Gideon Greif 10; G. Holom 23, 32; Johannes Kuhn 9, 13, 19, 29, 31, 39; Andreas Kroll 27; Volker Mall 25, 36; Benjamin Merkt 29; Harald Roth 9, 11, 22, 14; Wolfgang Schmidt 19; Markus Ulmer 2, 8; Tatjana Vecsey 27; Robert Wald 16, Peter A. Zuckerman 15.